世界
经典阅读

项目策划／庄智象
项目统筹／庄若科
项目研发／上海时代教育出版研究中心

U0152504

# Español

# 西班牙语
# 经典课文
## 选读

主编／陆经生　陈旦娜

分册主编／丁昕云　姚洁

初级
下

上海译文出版社

图书在版编目（CIP）数据

西班牙语经典课文选读 . 初级 . 下 / 陆经生 , 陈旦
娜主编 ; 丁昕云 , 姚洁分册主编 . —上海 : 上海译文出
版社 , 2024.1
（世界经典阅读）
ISBN 978-7-5327-9491-1

Ⅰ . ①西… Ⅱ . ①陆… ②陈… ③丁… ④姚… Ⅲ .
①西班牙语—语言读物 Ⅳ . ①H349.4

中国国家版本馆 CIP 数据核字（2024）第 001432 号

西班牙语经典课文选读（初级下）

主　编　陆经生　陈旦娜
分册主编　丁昕云　姚　洁
责任编辑　庄　雯
装帧设计　胡　枫　罗晶芹
插　图　关瑞雯
内文图片　P36 Nick Night；P40 Skrrrrrtq；P96 Bernard DUPONT；P109 Matteo Vistocco

上海译文出版社有限公司出版、发行
网址：www.yiwen.com.cn
201101　上海市闵行区号景路159弄B座
上海景条印刷有限公司印刷

开本 787×1092　1/16　印张 8.5　字数 244,000
2024年1月第1版　2024年1月第1次印刷
印数：0,001—3,000 册

ISBN 978-7-5327-9491-1/H·1595
定价：48.00元

ISBN 978-7-88841-487-7
9 787888 414877 >

世界
经典阅读

微信扫码
听课文朗读音频

# 序言

外语教材既可作为获得语言基本技能的工具，又是中外文化文明学习交流的桥梁和纽带，是外语教学体系的重要组成部分，也是确保教学内容和进度安排、保证教学质量不可或缺的要素。外语能力虽然有听说读写译之分，但阅读是发展语言能力的重要环节和基础，既为听说写译的学习操练提供语言素材，又是学习了解语言对象国社会历史发展、国情文化知识的重要途径。关于读书的重要性，中国有"读万卷书，行万里路"的古训，西班牙语也有大文豪塞万提斯的名言："El que lee mucho y anda mucho, ve mucho y sabe mucho."（"读万卷书，行万里路，方能见多识广。"）

中国西班牙语教学始于中华人民共和国成立之初的 1952 年。初创时期教学资源非常匮乏，西班牙语教材和阅读材料短缺。在此后 70 年的发展历程中，中国西班牙语教学界一直很重视教材建设，编写了适合中国学生学习使用的各科教材，同时也有选择地引进西班牙语原版教材和阅读资料，按我所需作改编使用。迄今已经初步开发出配套的系列教材，能基本满足高等学校西班牙语专业教学和社会各类西班牙语课程教学的需求。

当今中国已全方位融入国际社会，交流广泛，可以通过纸质图书和网络资源等多种媒介轻松便捷地获取海量的语言文化学习资料。以西班牙语作为官方语言使用的国家和作为母语使用的人口数量众多。西班牙语在互联网上按用户数划分名列第三，仅次于英语和汉语，因此文献读物汗牛充栋。然而，如何在浩如烟海的资料和信息中遴选出一批主题思想和内容、语言俱佳的经典课文，为中国的西班牙语学习者提供语言地道规范、内容丰富多元、思想积极向上的西班牙语阅读材料，是促进西班牙语学习健康发展、提高西班牙语教学质量的重要一环。为此，我们编写了这套《西班牙语经典课文选读》丛书，奉献给广大的西班牙语学习者。

在策划编写本套丛书之初，我们在选篇方面特别考虑了以下两点：

首先，确保丛书能展现地道规范的西班牙语。西班牙语拥有历史悠久、底蕴深厚的社会文化，是当之无愧的国际通用语言。我们通过多种渠道和不同方式，从丰富多彩的语料语篇中搜寻适合西班牙语学习者阅读的语段语篇，建成一个汇集 3000 多篇各类文章的小型语料库；然后借鉴西班牙、墨西哥、古巴、智利、厄瓜多尔、委内瑞拉、尼加拉瓜、阿根廷等主要西班牙语国家的教科书，按照编写宗旨和特点，从语料库中进行遴选；最后根据编写要求精心挑选了约 240 篇课文，编写成本套丛书，为读者提供语言可靠、原汁原味的阅读教材。

其次，力求丛书能广泛反映西班牙语的多种题材、体裁和丰富文化。入选课文的内容以反映西班牙语国家本国本地区社会文化为主，不仅提供语言学习的素材和样本，而且能对学生道德修养、审美情趣和思维方式产生潜移默化的影响。初级两册选篇都与"我和我的生活"这一主题有关。从文化常识和日常生活场景内容开始，话题涵盖"人物""家庭生活""生活中的事物""出游""动物""学习和成长""良好品德""友谊和团结"等，语言浅近，通俗易懂，有多篇儿歌童谣和谜语，充满童趣的用辞，富有韵律的语句，读起来朗朗上口，也富有教育意义，很适合少年儿童和成年初学者学习阅读。中高级选文体裁多样，有小说、说明文、诗歌、戏剧、散文、新闻报道、采访、人物传记、时事评论、书信和演讲文稿等。中级选篇围绕"我们生活的世界"展开，上下两册在单元设置上相互呼应，下册难度有所提升。高级分册的课文多选名家名作名篇，从被认为是西班牙语最古老文学典籍的著名英雄史诗《熙德之歌》，到拉美古代玛雅基切人的圣书《波波尔·乌》，从世界公认的大文豪塞万提斯的小说《堂吉诃德》和被誉为"第十位缪斯"的墨西哥女诗人克鲁斯的诗歌，到蜚声世界文坛的西班牙和拉美西语国家多位诺贝尔文学奖、塞万提斯文学奖、智利国家文学奖、墨西哥国家文学奖、阿根廷作家协会荣誉大奖、各国国家新闻奖得主的作品。高级下册将主题拓展至哲学、心理学、社会学、人类学以及经典科幻作品。

本套丛书选文绝大部分为西班牙语原创作品，同时选取若干篇从其他语种译入的作品，均为世界上广为流传的经典佳作名篇，如《伊索寓言》、儒勒·凡尔纳的《环游世界八十天》、卡夫卡的《变形记》、雨果奖和星云奖得主艾萨克·阿西莫夫的《双百人》等，其中卡夫卡的《变形记》为墨西哥、尼加拉瓜、委内瑞拉等多国教材普遍选用，从而使本套丛书成为名副其实的经典课本。

本套丛书精心设计整体结构，合理编排单元板块，由易到难，逐步增加阅读难度。全套教材分为初级、中级、高级 3 个级别，每个级别各有上下两册，共计 6 册，可满足初中、高中与大学一、二年级各阶段学生和社会上各类西班牙语自学者的学习和阅读之需，也可作为教材的拓展或有益的补充。每册约有 40 课，分为若干主题。每课设有中文导读、课文、注释、练习 4 个板块。

中文导读在初级课文中深入浅出地介绍主要内容并给予理解提示，中高级则言简意赅地概括选篇的作者和作品背景知识，提炼出选篇的语言风格特点和社会文化意义，真正给读者提供有益的阅读理解引导。高级课文中的导读有意区别于传统文学史介绍，使用平易近人的语言，以贴近读者，聚焦选文内容，激发读者对选文的阅读兴趣。

课文参照《普通高中西班牙语课程标准》《高等学校西班牙语专业基础阶段教学大纲》和《高等学校西班牙语专业高年级教学大纲》所列词汇表，并根据编者团队的教学经验，配有汉西双语词汇旁注。

注释提供重要的语法现象、难句解释和典故及社会文化知识。

练习的设计意在突出对重要语言文化知识的提示，把握学习的要点，引导读者拓展思维、深入思考，通过轻松阅读达到提升语言能力和专业素养的目的。

虽然本套丛书各册总体框架统一，但也充分释放出文本和编者之间的化学能，发挥编者的主观能动性，在个别环节的设计上留有灵活的空间，使每一册都具有自身的特点，例如：初级练习特别注重先输入后输出，学以致用；中级每篇课文包含一道拓展题，旨在引导学生进行深层次思考或拓展延伸阅读；高级除了增加阐释题外，下册设置了"译文雷达"板块，点拨学生合理利用译文克服阅读困难。

本套丛书的编写和出版得到了上海时代教育出版研究中心的指导和上海译文出版社的支持，借鉴了《世界经典英语课文选读》的编写经验，在此编者表示衷心的感谢！编者努力向中国西班牙语学习者提供理想的、能提升西班牙语学科核心素养的语料，以期帮助读者了解和学习多彩而灿烂的世界文化，实现文化交融、文明互鉴。编者团队来自上海外国语大学和上海外国语大学附属外国语学校的西班牙语专业教师，具有多年的西班牙语教学研究经验。然而，西班牙语使用区域广阔，文献更是不可胜数，本套丛书必定是挂一漏万。限于资源、时间和水平，书中难免有差错、谬误或不尽如人意之处，敬请读者们批评指正。

陆经生

2023 年 11 月

# Índice 目录

# Unidad 1

## Familia 家庭故事

# Texto 1 — El niño más bueno del mundo y su gato Estropajo —

世界上最好的小男孩和他的小猫"擦车布"

在这篇故事里，我们将要认识一个小男孩，他的愿望是成为全世界最好心的小孩。为了帮助他的家人，他做了什么？为什么他要给他的小猫起名"擦车布"呢？你的童年时期有没有类似的经历？

Hola, me llamo Ignacio y he decidido ser el niño más bondadoso de todos. Que me entreguen un premio mundial[1] por ser tan bueno.

¿Pero… qué hago?

¡Ya sé! Para comenzar, seré el mejor hijo del planeta.

Se me ocurre lavar el auto de mi papá, pero no tengo agua ni esponja.

¡Qué suerte que justo llegó a mi casa un tierno gatito! Como venía todo mojado, tuve la genial idea de usarlo a él. Así seré bondadoso con los animales también. Él quedará seco y el auto, impecable.

Te bautizo: ¡Estropajo!

Parece que él también quiere ayudarme a ser bondadoso, porque con sus uñas hizo un montón de rayas artísticas sobre la pintura.

Lo único malo[2] es que Estropajo no quedó totalmente seco, pero…

¡Tengo la solución! Yo no sé manejar, pero sí sé hacer partir el auto. Con la calefacción a máxima potencia podré secarlo, aunque parece que mi gato artista prefiere seguir expresando su creatividad, porque está rasguñando todos los asientos mientras vuela dentro de auto.

Lo malo ahora es que los chorros de pipí que lanza son muy hediondos, así que abrí todas las ventanas.

¡Oh no! Estropajo salta y se mete debajo del motor. Yo quiero que se seque, pero no que se queme. Por suerte la bocina suena muy fuerte.

Cuando al fin salió, caminaba muy mareado. ¡Y con razón! ¡Está todo el aire con humo, nos vamos a intoxicar!

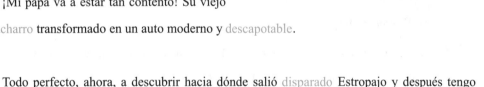

Tengo que salvar nuestras vidas.

Puse a Estropajo como tapón en el tubo de escape, pero no alcancé a apagar el auto cuando el motor hizo explosión y el techo salió volando.

¡Mi papá va a estar tan contento! Su viejo cacharro transformado en un auto moderno y descapotable.

Todo perfecto, ahora, a descubrir hacia dónde salió disparado Estropajo y después tengo que hacer algo igual de bondadoso³ para mi mamá, pero ese es otro cuento.

**A SABER**

① que me entreguen un premio mundial 意思是 "但愿能给我颁发一个国际大奖"。"que + 动词的虚拟式变位形式"的结构表示愿望。

② lo único malo 意思是 "唯一糟糕的事"。中性定冠词 lo 搭配形容词，可以将该形容词名词化。

③ algo igual de bondadoso 意思是 "（和这件事）一样充满善意的事"。

| | |
|---|---|
| bondadoso, sa *adj.* 好心的 | rasguñar *tr.* 抓、挠 |
| esponja *f.* 海绵 | chorro *m.* （液体的）柱，股，流 |
| impecable *adj.* 没有瑕疵的，完美的 | hediondo, da *adj.* 臭的，脏的 |
| bautizar *tr.* 为……命名 | bocina *f.* （汽车的）喇叭 |
| estropajo *m.* （刷洗用的）拖把，擦布 | intoxicarse *prnl.* 中毒 |
| manejar *tr.* 驾驶（车辆） | cacharro *m.* （口语中的）破旧机器 |
| calefacción *f.* 暖气 | descapotable *adj.* （车的）顶棚可卸下的 |
| a máxima potencia （电器）以最大功率（运行） | disparado, da *p.p.* 被发射出去了的 |

## A TRABAJAR

**1** ( ) ¿Qué cualidad quiere tener Ignacio?

A) Diligencia.

B) Bondad.

C) Inteligencia.

D) Responsabilidad.

**2** Indica si son verdaderas (V) o falsas (F) las siguientes interpretaciones del texto:

1) ( ) Ignacio pensó limpiar el coche de su papá.

2) ( ) Ignacio le puso el nombre "Estropajo" al gatito porque el animal se encontraba muy sucio.

3) ( ) El gato volaba dentro del auto por el gran viento de la calefacción.

4) ( ) El padre de Ignacio va a sentirse contento al ver su auto nuevo.

**3** ¿Qué sueles hacer en casa para ayudar a tus padres?

_____

_____

_____

_____

# Texto 2 —— • Conversación telefónica de dos amigas • ——
## 两个朋友之间的通话

**A PREPARARTE**

虽然西班牙和拉丁美洲的许多国家都以西班牙语作为官方语言，但这两片土地上的人们各自所说的西班牙语无论在语音、词汇上还是在人称的使用习惯上都存在着明显的差别。在这篇课文里，埃里卡（Erika）和马丁娜（Martina）两个好朋友正在通话中。根据她们的措辞，你能不能判断出她们是西班牙人还是拉美人？马丁娜为什么给埃里卡打这个电话呢？

**A LEER**

Erika:      Aló.

Martina:   ¿Erika? Soy yo, Martina.

Erika:      Hola, Martina, ¿cómo estás?

Martina:   ¡Bien! Oye, amiga, quiero saber qué planes tienes para hoy.

Erika:      ¿Para hoy? Veamos, por la mañana voy con mi mamá al mercado y luego quedamos en
           almorzar en casa de mi tía. ¿Cómo así? Tú, ¿qué planes tienes?

Martina:   ¿Al mercado? Pero si ayer fuiste con tu mamá, ¿acaso se olvidaron[1] de comprar algo?

Erika:      No había todo lo que buscábamos.

Martina:   Y ahora, ¿tienes que ir tú también?

Erika:      Es que son muchas las cosas y quiero ayudarla.

Martina:   Ahhhh.

Erika:      Tú, ¿qué planes tienes?

Martina:   En la mañana[2] tengo que llevar a Canela al veterinario para su control de rutina[3]. Después
           de eso, regreso a casa.

Erika:      ¿Llevas a tu perrita todos los meses al veterinario?

Martina:   No, pero justo le toca ahora. Cuidamos mucho a Canela desde que la recogimos. Como
           tuvo muchas enfermedades…

| | |
|---|---|
| Erika: | ¡Ah, ya veo! ¡Qué suerte tiene Canela de haber encontrado una familia que la cuide y quiera! Después de estas actividades caninas, ¿regresas a tu casa? |
| Martina: | Sí. De hecho te llamaba para invitarte a hacer algo divertido durante la tarde si no estás ocupada, por supuesto. |
| Erika: | ¡Qué chévere!⁴ ¿Algo como qué? |
| Martina: | Mira, mi mamá trabaja en el asilo y hoy es la cena de cumpleaños para algunos viejitos. Me pidió ayuda para preparar los sándwiches y bocaditos que se les ofrecerá. ¿No quisieras unirte?⁵ Seguro nos vamos a divertir. ¿Qué dices? |
| Erika: | ¡Me parece chévere!⁴ ¿Tu mamá necesita que le lleve algo? |
| Martina: | No, amiga. Tenemos lo que necesitamos. ¡Solo tus manos y tu buen humor! ¡Jajaja! |
| Erika: | Ya. Entonces voy a tu casa a las tres de la tarde, y de ahí nos vamos con tu mamá al asilo. ¡Qué hermoso! Para terminar el día con broche de oro⁶, ¿puedes venir a dormir a mi casa? |

| | |
|---|---|
| Martina: | Yo creo que sí, pero primero le tengo que pedir permiso a mi mamá. |
| Erika: | Bueno, Martina, habla con tu mamá y ya nos vemos más tarde. ¡Gracias por tu invitación! |
| Martina: | Bueno, amiga. Te espero entonces. |
| Erika: | ¡Chao! |

**A SABER**

1. se olvidaron 这个动词变位的人称是 ustedes，但这句句子的前半句中称呼对方时所用的人称却是 tú。之所以会出现 ustedes（您们）和 tú（你）这两种称呼同时使用的情况，是因为拉美地区的西班牙语中不使用 vosotros/vosotras（你们）。

2. en la mañana 意思是"在早晨"。这一使用介词 en 来搭配的词组只在拉美地区部分国家使用，在西班牙以及其他的一些拉美西班牙语国家，人们则习惯说 por la mañana。

3. control de rutina 意思是"常规检查"。

4. ¡Qué chévere! 为拉丁美洲用语，意思是"太棒了！"下文中的 ¡Me parece chévere! 意思是"我觉得棒极了！"

5. ¿No quisieras unirte? 意思是"或许你会想和我们一起去？" quisieras 是动词 querer 的虚拟式过去未完成时变位形式，在发出邀请时使用，能使语气更加委婉，从而礼貌地给对方拒绝邀请的空间。

6. terminar el día con broche de oro 意思是"给这一天画上一个完美的句号"。

| | |
|---|---|
| veterinario, ria *m. f.* 兽医 | humor *m.* 情绪，心情 |
| canino, na *adj.* 与狗相关的 | broche *m.* 按扣，（装饰用的）别针 |
| bocadito *m.* 一种以奶油为内馅的小蛋糕 | permiso *m.* 许可，批准 |

**1** (　　) Según el lenguaje que usan, Érica y Martina son…

A) españolas.

B) latinoamericanas.

**2** ¿Qué planes tienen para hoy las dos amigas?

| | Erika | Martina |
|---|---|---|
| por la mañana | 1) | 2) |
| por la tarde | 3) | |

**3** Relaciona los siguientes acontecimientos con sus causas:

1) Ayer Erika fue a hacer compras y hoy (　　) va otra vez con su mamá porque…

2) Canela tiene mucha suerte porque… (　　)

3) Martina va a pedir permiso a su madre (　　) porque…

A) …la familia de Martina la cuida mucho desde que la recogió.

B) …necesita comprar muchas cosas que no encontró ayer en el mercado.

C) …quiere pasar la noche en casa de Erika.

## 我最棒的妈妈

### A PREPARARTE

在这篇课文里，作者将向我们介绍她的妈妈。在她眼里，她的妈妈是什么样子的呢？虽然通篇都没有和"爱"相关的词汇，但是字里行间却充满了作者对母亲的爱，作者是如何做到这一点的呢？

### A LEER

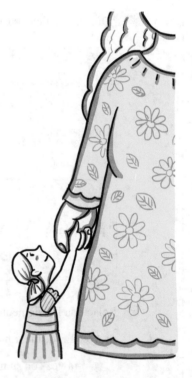

Cuando llego al colegio, algunos niños me dicen:

–¡Qué gorda es tu mamá!

Y se escapan riendo.

Cuando paseamos juntas por la calle, algunas personas se giran y mirando a mi mamá cuchichean:

–¡Pero qué gorda!

Si estamos comiendo en nuestro restaurante favorito, algunas personas que están en otras mesas nos miran de reojo y se ríen por lo bajo:

–¡Se nota que le gusta mucho comer! –dicen con la boca llena.

A veces, en las tiendas de ropa, las dependientas miran a mi mamá y enseguida se dan la vuelta[1].

–¡Seguro que usa una talla 100! –dicen dándonos la espalda.

Lo que no saben los niños del colegio, es que cuando mi mamá me lleva por las mañanas, y vamos cogidas de la mano[2], yo noto que mi manita[3] tan pequeña está toda protegida por la mano tan redonda de mi mamá, y me siento segura.

Lo que no saben las personas que nos cruzamos por la calle, es que cuando nosotras vamos de paseo andamos tranquilas, disfrutando de todo lo que nos encontramos, despacito. Mi mamá nunca tiene prisa.

Lo que no saben los que hablan con la boca llena, es que cuando mi mamá y yo vamos al restaurante es como un día de fiesta. Una fiesta que nosotras nos hemos inventado. Y cada plato que nos traen lo disfrutamos, lo miramos, lo olemos, y nos lo comemos como si fuera la comida más rica que hubiéramos probado nunca[4].

Lo que no saben las dependientas de la tienda es que mi mamá lleva los vestidos más bonitos, los colores más alegres y las telas más preciosas que nunca se vieron. Y cuando ella se pone guapa para venir a recogerme al colegio, parece una princesa sacada de un cuento.

Lo que no sabe nadie es que por la noche, antes de dormirme, cuando mi mamá se tumba un rato a mi lado, su abrazo es tan suave y tan blandito[3] que siento como si me hundiera entre nubes de algodón. Y su olor es tan dulce que mis sueños son siempre felices. Por eso, al despertar, cuando la miro a mi lado, siempre pienso: "mi mamá es preciosa".

**A SABER**

1. se dan la vuelta 意思是"转过身去"。
2. vamos cogidas de la mano 意思是"我们手牵着手走路"。de la mano 指出了发出 coger 这个动作的身体部位，而 cogidas de la mano 则充当了动词 ir 和主语 nosotras 的双重补语，说明了主语在走路时的状态。
3. manita 是名词 mano 的指小词，意思是"手"。下文中的 blandito 则是形容词 blando 的指小词，意思是"柔软的"。指小词在特定语境下能表达亲昵的语气。
4. como si fuera la comida más rica que hubiéramos probado nunca 意思是"就好像那是我们从未品尝过的最美味的食物"。fuera 是动词 ser 的虚拟式过去未完成时变位形式，hubiéramos probado 是动词 probar 的虚拟式过去完成时变位形式，这种时态搭配 como si 用于作出与现实情况相悖的假设。

**A ENTENDER**

| | |
|---|---|
| cuchichear *intr.* 窃窃私语 | tumbarse *prnl.* 躺下 |
| mirar de reojo 斜着眼睛偷看 | blando, da *adj.* 柔软的 |
| por lo bajo 偷偷地 | hundirse *prnl.* 陷入 |
| inventar *tr.* 发明，创造 | |

**1** Di cuál es el sujeto de los verbos subrayados:

1) Y se escapan riendo.

   *se escapan*: _____

2) ¡Se nota que le gusta mucho comer!

   *Se nota*: _____

3) Y cada plato que nos traen lo disfrutamos, lo miramos, lo olemos, y nos lo comemos como si fuera la comida más rica que hubiéramos probado nunca.

   *traen*: _____

**2** ¿Qué situación enfrenta la niña que cuenta la historia?

_____

_____

_____

_____

**3** ¿Cómo se siente la niña cuando está con su mamá?

1) Cuando su mamá la acompaña al colegio cogiéndola de la mano, se siente _____

   porque _____.

2) Cuando va de paseo con su mamá, se siente _____ porque _____

   _____.

3) Cuando va al restaurante con su mamá, cada plato que les sirven _____ porque

   _____.

4) Cuando su mamá se pone guapa para venir a recogerla al colegio, a la niña le parece _____

   _____.

5) Cuando se acuesta con su mamá al lado, se siente _____ porque _____

   _____.

# Unidad 2

Tiempo y espacio 时间和空间

## Texto 1 — Mi viaje

### 我的一次旅行

**A PREPARARTE**

在这篇课文里，主人公安娜（Ana）回忆了她的一次出远门的经历。她去了哪里？乘坐了哪一种交通工具？在开始阅读前，请先想一想：在用西班牙语讲述过去经历的时候，可以使用哪些动词时态？它们如何分工？

**A LEER**

El verano pasado fui con mis abuelos a visitar a mis tíos, que viven en Córdoba[1].

Yo estaba muy nerviosa porque, por primera vez, iba a viajar en el AVE[2], un tren muy rápido.

El tren salía muy temprano. Yo me senté junto a la ventanilla.

Poco después, nos pusimos en marcha y empezamos a coger mucha velocidad[3]. ¡Cómo corría el AVE!

Luego fuimos al vagón de la cafetería y desayunamos allí. Al cabo de un rato, el tren entraba en la estación de Córdoba, donde nos esperaban mis tíos. ¡Qué alegría volver a verlos!

**A SABER**

1 Córdoba: 科尔多瓦，西班牙南部城市，属于安达卢西亚自治区。

2 el AVE: 西班牙高速铁路（Alta Velocidad Española）名称的首字母缩写形式，ave 一词在西班牙语中恰好是 "飞鸟" 的意思。根据 2022 年 6 月西班牙国家铁路公司 Renfe 在官方网站上的介绍，AVE 列车实际运营的平均时速达到了每小时 222 公里。

3 coger mucha velocidad 意思是 "以很快的速度（前进或行驶）"。

| ponerse en marcha 启程上路 | al cabo de 在……之后 |
| --- | --- |

**1** Elige el lugar correspondiente para completar las siguientes frases:

| A) En el vagón de la cafetería | B) En la ciudad de Córdoba |
| --- | --- |
| C) En la estación de Córdoba | D) En un asiento junto a la ventanilla |

1) (     ) viven los tíos de Ana.

2) (     ) se sentó Ana en el tren.

3) (     ) recibieron a Ana sus tíos.

4) (     ) Ana tomó el desayuno.

**2** Aparte del tren, ¿qué vehículos puedes usar para moverte? Escribe 3 medios de transporte y razones por las que vas a tomarlos:

| El medio de transporte | Lo voy a tomar porque… |
| --- | --- |
| *El tren* | *Es rápido, barato y seguro.* |
|  |  |
|  |  |
|  |  |

**3** Escribe sobre un viaje que hayas hecho:

_____

_____

_____

_____

_____

# Texto 2 ——— ¿Cómo se mide el tiempo?

时间是如何测量的?

"时间"是我们非常熟悉的概念，却又看不见摸不着。在这篇课文里，作者用生活化的语言和富有趣味的生动笔触带领我们重新审视它。你有没有想过，我们为什么能确定时间的存在？在没有发明钟表之前，时间是如何被计量的呢？

El tiempo es algo misterioso. No puedes verlo. No puedes oírlo. No puedes atraparlo con una red y ponerlo en un frasco. Pero sabes que el tiempo existe, porque puedes sentir cómo pasa.

En cierto modo, el tiempo es como el viento. No puedes ver el viento, pero puedes ver qué pasa cuando sopla. Los papalotes vuelan en el aire, las nubes se mueven en el cielo, y los barcos navegan en el mar.

Y puedes ver qué ocurre cuando pasa el tiempo. Las flores se transforman en manzanas, los cachorritos se convierten en perros, y las orugas en mariposas.[1]

Pero el tiempo es más misterioso que el viento. Es tan misterioso que ni los más grandes pensadores y científicos pueden explicar qué es.

Pero aun así, es un misterio que podemos medir. No lo podemos medir con una cinta métrica, claro. Esto es lo que utilizarías para medir un caimán.[2]

Un reloj puede medir el tiempo. ¡Pero antes no había relojes!

¿Cómo se mide el tiempo, pues? A ver quiénes lo averiguan y lo escriben en una hojita. Pregunten en casa, platíquenlo entre ustedes y con otros amigos.

## A SABER

1  Las flores se transforman en manzanas, los cachorritos se convierten en perros, y las orugas en mariposas. 意思是 "花朵长成了苹果，小狗崽变成了大狗，毛毛虫蜕变为蝴蝶。" 在使用西班牙语时，应注意避免同一种表达形式的无意义重复。因此，该句中作者在三次表达 "变成" 这个相同动作的时候分别使用了动词 transformarse、它的近义词 convertirse 和动词省略这三种形式。

2  Esto es lo que utilizarías para medir un caimán. 意思是 "那是你可能会用来测量一条鳄鱼长度的东西。" utilizarías 是动词 utilizar 的陈述式简单条件时变位形式，在这里表达的是对事件可能发生的一种推测。

## A ENTENDER

| misterioso, sa  adj. 神秘的 | oruga  f. 毛毛虫 |
|---|---|
| atrapar  tr. 抓住 | cinta métrica  卷尺 |
| frasco  m. 细口瓶 | caimán  m. 鳄鱼 |
| papalote  m. 风筝 | averiguar  tr. 调查 |
| cachorrito  m. cachorro的指小词，小狗的幼崽 | platicar  tr. 谈论 |

## A TRABAJAR

1  Rellena los espacios en blanco con unidades de tiempo para completar la secuencia:

_____, minuto, _____, día, _____, mes, _____, año

2  ¿Por qué sabemos que existen el tiempo y el viento?

1) Las nubes se mueven en el cielo.

2) Los cachorritos se convierten en perros.

3) Los barcos navegan en el mar.

4) Las flores se transforman en manzanas.

5) Los papalotes vuelan en el aire.

6) Las orugas se convierten en mariposas.

A. Existe el viento.

B. Existe el tiempo.

3  ¿Cómo se medía el tiempo cuando no había relojes mecánicos? Búscalo por Internet y enumera al menos dos métodos:

_____

# Texto 3 — Una apuesta arriesgada

## 一次冒险的打赌

A PREPARARTE

在交通出行远远不如现如今这样便捷的年代，环游世界就好比天方夜谭。这篇课文节选改编自法国作家儒勒·凡尔纳（Julio Verne）的小说《环游世界八十天》（*La vuelta al mundo en ochenta días*），主人公福格（Fogg）就和他的朋友们打了个关于环游世界的赌。赌注的具体内容是什么呢？

A LEER

Phileas Fogg y sus amigos juegan en el club una partida de cartas mientras conversan sobre el robo de cincuenta y cinco mil libras del Banco de Inglaterra.

–¿Qué hay del robo? –preguntó Tomas Flanagan–. Espero que se le eche el guante pronto al ladrón.[1] Le va a ser difícil escapar.

–¡No me diga! ¡La Tierra es muy grande! –respondió Andrew Stuart.

–Lo era antes –musitó Phileas Fogg.

–¿Antes? ¿Acaso ha disminuido su tamaño? –preguntó Stuart.

–Sin duda –respondió Gauthier Ralph–. Hoy se puede dar la vuelta al mundo diez veces más rápido que hace cien años.

–En solo ochenta días –dijo Phileas Fogg.

–En efecto, señores –añadió John Sullivan–. Según un cálculo del *Morning Chronicle*, con los últimos ferrocarriles abiertos en Oriente solo son necesarios ochenta días.

–Sí, ¡ochenta días! –exclamó Stuart–. Pero sin tener en cuenta los contratiempos.

–Incluso teniéndolos en cuenta –respondió Fogg.

–Teóricamente quizá tenga razón, señor Fogg; pero en la práctica… Apostaría cuatro mil libras a que es imposible hacerlo.[2]

–De acuerdo –dijo Fogg–. Tengo veinte mil libras y estoy dispuesto a arriesgarlas…

–Pero… ¿en solo ochenta días? –preguntó Sullivan–. ¡Tendría que encajar milimétricamente los horarios de los trenes y los barcos![3]

–Lo haré –respondió Fogg–. Apuesto veinte mil libras a que daré la vuelta al mundo en ochenta días. ¿Aceptan ustedes?

–Aceptamos.

–Bien. Saldré esta misma tarde. Dado que hoy es miércoles dos de octubre –dijo el señor Fogg–, deberé estar de vuelta, en este mismo salón, a las ocho cuarenta y cinco de la tarde del sábado veintiuno de diciembre. De no ser así[4], las veinte mil libras les pertenecerán.

## A SABER

1. Espero que se le eche el guante pronto al ladrón. 意思是"我希望那个强盗能尽快被抓住。"echar el guante a alguien 意思是"逮捕某人"。

2. Apostaría cuatro mil libras a que es imposible hacerlo. 意思是"我敢赌四千英镑，这事儿不可能做成。"apostaría 是动词 apostar 的陈述式简单条件时变位形式，在表达意见时使用这种时态能起到弱化语气的效果。

3. ¡Tendría que encajar milimétricamente los horarios de los trenes y los barcos! 意思是"那您得把火车和轮船的时刻表衔接得分毫不差才行吧！"tendría 是动词 tener 的陈述式简单条件时变位形式，在此处表达的是对事件可能发生的一种推测。

4. de no ser así 意思是"否则的话"。

## A ENTENDER

| | |
|---|---|
| partida *f.* （游戏、比赛等的）一局，一盘 | ferrocarril *m.* 铁路 |
| libra *f.* 英镑 | contratiempo *m.* 不顺心的意外事件 |
| guante *m.* 手套 | apostar *tr.* 打赌 |
| musitar *intr.* 嘀咕 | arriesgar *tr.* 使……冒风险 |
| tamaño *m.* 大小，体积 | encajar *tr.* 使……相互接合 |
| cálculo *m.* 估计，推测 | milimétricamente *adv.* 分毫不差地 |

**1** ¿A qué apostaron el señor Fogg con sus amigos?

_____

_____

_____

_____

**2** ¿Por qué el señor Fogg creía que era posible realizar su plan?

_____

_____

_____

_____

**3** ( ) ¿De qué hablaban cuando jugaban a las cartas?

A) De un ladrón escapado al Oriente.

B) De un robo ocurrido en el club.

C) De un crimen cometido en el banco.

**4** ( ) ¿Quién creía imposible la realización del plan del señor Fogg?

A) Andrew Stuart.

B) Gauthier Ralph.

C) John Sullivan.

**5** ( ) ¿Qué quería decir Stuart cuando dijo "pero sin tener en cuenta los contratiempos"?

A) Pero se pueden producir situaciones inesperadas.

B) Pero solo es posible si hace buen tiempo en el viaje.

C) Pero el viajero debe ahorrar tiempo en el camino.

# Unidad 3

## Cuentos infantiles 童趣故事

# Texto 1 — La boda de Tío Perico

鹦鹉叔叔的婚礼

**A PREPARARTE**

　　在自然界里有各种各样的食物链。在这篇童趣故事里，公鸡先生有事要出门，他在路上陷入了什么两难的境况？他又是如何利用自然规律，机智地解决了问题的呢？

**A LEER**

Este era un gallo que después de saludar como todas las mañanas a su amigo el sol, echó a andar[1] muy limpio y elegante, camino a la boda de su "Tío Perico".

Por el camino se encontró un montón de basura y se apartó para no ensuciarse. Pero en medio del basurero vio un grano de maíz.

El gallo se detuvo y pensó: –Si no pico, pierdo el granito y si pico me mancho el pico y no podré ir a la boda de mi Tío Perico. ¿Qué hago? ¿Pico o no pico? Al fin picó y se ensució el pico.

Entonces, fue a pedirle a la hierba:

–Hierba, límpiame el pico o no podré ir a la boda de mi Tío Perico.

Pero la hierba dijo: –No quiero.

Entonces fue a pedirle a la oveja:

–Oveja, cómete la hierba[2] que no quiere limpiarme el pico para ir a la boda de mi Tío Perico.

Pero la oveja dijo: –No quiero.

Entonces fue a pedirle al perro: –Perro, muerde a la oveja que no quiere comerse la hierba que no quiere limpiarme el pico para ir a la boda de mi tío Perico.

Y el perro dijo: –Ahora mismo.

Entonces la oveja dijo: –No, perdón, que yo me comeré la hierba[3].

Y la hierba dijo: –No, perdón, que yo le limpiaré el pico[3].

Y se lo limpió.

Entonces el gallo le dio las gracias a su amigo el perro con un largo "¡Quiquiriquí!". Y echó a correr para llegar a tiempo a la boda y alcanzar algo de los dulces y el vino de la fiesta.

1　echó a andar 意思是"走起来，开始走"。echar(se) 这个动词短语可以搭配 andar、caminar、correr、reír、llorar 等动词，指出某种状态变化的开端。

2　cómete la hierba 意思是"请你把草吃掉"。这里的 se 是体貌与格代词（dativo aspectual），只有当动词的直接宾语是一个确指的对象时才能使用，表达功能是强调动作的完成，比如"把这样东西吃光"。

3　que yo me comeré la hierba 意思是"我会把草吃掉的"。连接词 que 可以引导原因，说明这句话是在给前一句道歉提供进一步的解释。下文中 que yo le limpiaré el pico 一句里的 que 也起到了同样的作用。

## A ENTENDER

| | |
|---|---|
| gallo *m.* 公鸡 | picar *tr.* 啄食 |
| montón *m.* 堆，大量 | hierba *f.* 草 |
| basura *f.* 垃圾 | oveja *f.* 绵羊 |
| basurero *m.* 垃圾桶 | morder *tr.* 咬 |
| grano *m.*（谷物、果实的）颗粒 | quiquiriquí *m.*（公鸡叫声）咯咯咯 |
| maíz *m.* 玉米 | |

## A TRABAJAR

1　¿Adónde iba el gallo?

_____

2　¿Por qué se detuvo en el camino?

_____

3　Completa la siguiente oración según el cuento:

El gallo pide a su amigo el perro que _____ a la oveja que no quiere _____ la hierba que no quiere _____ el pico.

4　Lee en voz alta el pensamiento del gallo como si fuera un trabalenguas:

*Si no pico, pierdo el granito y si pico me mancho el pico y no podré ir a la boda de mi Tío Perico. ¿Qué hago? ¿Pico o no pico? Al fin picó y se ensució el pico.*

# Texto 2 ——— ¡Imagínate!

## 想象一下吧！

## A PREPARARTE

在这篇课文的两个小故事里，你将"听"到一张书桌对你讲话，还会"认识"一朵变幻莫测的云……没错，想象力能"创造"出一个不可能的奇妙世界，再稀松平常的事物也会变得鲜活灵动。不妨就让我们一起跟随文字展开想象，从新的视角观察这个世界吧！

## A LEER

• Texto 2-1

### ¡Cuídame!

Soy un pupitre. Nací de unas cuantas maderas que un carpintero serruchó, lijó, pulió, claveteó hasta darme la forma que ahora tengo. Luego me pintaron y en un camión, junto con otros muebles, llegamos a tu escuela. <u>Esto se dice rápido y hasta parece fácil.</u>[1] ¡Pero, cuánto trabajo y dinero ha costado!

Ahora tú me tienes. Cuídame, no me rayes ni me manches. Así podré durar muchísimos años. Cuando pase el tiempo y tú seas un médico, o un mecánico, o un internacionalista… y vuelvas por la escuela, verás que tu viejo pupitre está como nuevo.

Tal vez pienses entonces: "Desde ese pupitre escuché mis primeras clases."

———◇———

• Texto 2-2

### Nubes

Un ratoncito salió a pasear con su madre. Subieron a la cima de una montaña y miraron al cielo.

–¡Mira, se ven figuras en las nubes! –dijo la madre. El ratoncito y su madre vieron muchas figuras. Vieron un castillo… un conejo… un ratón…

–Voy a coger unas flores –dijo la madre. –Yo me quedaré aquí mirando las nubes –dijo el ratoncito.

El ratoncito vio en el cielo una gran nube, que se hizo más y más grande. La nube se convirtió en un gato. El gato se acercaba cada vez más al ratoncito.

–¡Socorro! –gritó el ratoncito. Y se echó a correr hacia su madre.

–¡Hay un gato enorme en el cielo! ¡Tengo

miedo! –lloriqueó el ratoncito. Su madre miró al cielo y dijo: –No te asustes. ¿Ves? El gato se ha convertido otra vez en nube.

El ratoncito vio que era cierto y se quedó más tranquilo. Ayudó a su madre a recoger flores, pero no volvió a mirar el cielo en toda la tarde.

## A SABER

1 Esto se dice rápido y hasta parece fácil. 意思是"这整个过程很快就能被说完，甚至听上去好像还很轻松。"这里的 se dice 是自复被动的结构，esto 是它的受事主语。这里的 hasta 是副词，意为"甚至"。

## A ENTENDER

| | |
|---|---|
| pupitre *m.* 课桌 | mueble *m.* 家具 |
| carpintero, ra *m. f.* 木匠 | rayar *tr.* 在某物上划线 |
| serruchar *tr.* 锯开，锯断 | internacionalista *m. f.* 参与国际事务的人 |
| lijar *tr.* 用砂纸打磨 | cima *f.* 山顶 |
| pulir *tr.* 抛光 | lloriquear *intr.* 啜泣 |
| clavetear *tr.* 用钉子加固 | |

1. ¿Qué petición te hace el pupitre?

_____

_____

_____

_____

_____

2. (     ) Según el Texto 2-1, el pupitre está hablando con un…

A) carpintero.

B) médico.

C) niño.

3. (     ) En el Texto 2-1, la frase "Así podré durar muchísimos años." significa que:

A) La fabricación del pupitre dura mucho tiempo.

B) El uso del pupitre será válido en muchos años.

C) La madera suele ser nueva en un largo periodo.

4. En el Texto 2-2, ¿qué le pasó al ratoncito?

1) El ratoncito miraba las nubes          (     )     A) …mientras que su madre cogía flores.

2) Al ratoncito le dio miedo y echó a      (     )     B) …cuando se dio cuenta de que no había
   llorar                                                  gatos, sino nubes.

3) El ratoncito se volvió tranquilo         (     )     C) …porque vio una nube en forma de un
                                                            gato enorme.

# Texto 3 — Bajo el sombrero de Juan

## 在胡安的帽子底下

**A PREPARARTE**

帽子是我们生活中常见的一种配饰。这篇课文充满了奇思妙想，它向我们介绍了主人公胡安（Juan）和他制作的一项与众不同的帽子。这顶帽子特别之处在哪儿呢？它发挥了什么神奇的功能呢？让我们一起在阅读中一探究竟吧。

**A LEER**

Nadie en Sansemillas fabricaba los sombreros como Juan: sombreros de copa, triangulares, para días nublados, para noches de luna, amarillos, violetas y hasta sombreros grises para saludar.

Una vez, Juan fabricó un sombrero de ala muy ancha con una cinta verde alrededor de la copa. Le llevó un día terminarlo. Era tan grande que no cabía dentro de su casa. Lo llevó al jardín y se lo probó. Le quedaba muy bien. Era de su medida.

–Me gusta –dijo–. Me quedo con él.

Un sombrero tan grande lo protegería del sol, del granizo, de las hojas que caen en otoño…

De pronto, Juan estiró la mano y la sacó fuera del sombrero.

–Llueve –comentó.

El perro de Juan se acercó corriendo y le anunció:

–Me quedo debajo de tu sombrero hasta que pase la lluvia.

Enseguida se acercó una vecina que llevaba una gansa atada de una cuerda.

–¡Qué tiempo tan loco! Menos mal que hemos encontrado un lugar para guarecernos -comentó la gansa.

Y allí, bajo el sombrero de Juan, se quedaron las dos.

Unos cazadores que habían escuchado[1] a la gansa se acercaron con interés y se refugiaron también bajo el sombrero.

La lluvia seguía, tranquila…

Poco a poco se fueron arrimando[2] otras personas del pueblo.

–¿Podemos quedarnos aquí? –preguntaban.

–Pueden –les decía Juan.

Y entonces ellos amontonaban jaulas, niños, terneros y muebles bajo el ala del gran sombrero.

La lluvia alcanzó por fin a los pueblos cercanos y todo el país de Sansemillas buscó abrigo bajo el sombrero. Llegaron los vecinos, las plantas, los animales y también los fabricantes de paraguas.

Pronto, algunos países de los alrededores se presentaron allí también. Y Juan hacía sitio para que entraran sus monumentos. Luego empezó a llegar gente de lugares muy lejanos. Traían toda clase de animales, la arena de las playas y los acantilados, como si fuera necesario proteger todo eso de la lluvia. Más tarde se acercaron los continentes y las islas.

Por fin no entró nada más bajo el sombrero de Juan. No porque faltara[3] espacio o buena voluntad, sino porque ya no quedaba nada ni nadie por llegar.

Juan se estiró mucho para sacar la mano fuera del sombrero.

–Ya no llueve –dijo tranquilo–. Es hora de que cada uno vuelva a su lugar.

## A SABER

1 habían escuchado 是动词 escuchar 的陈述式过去完成时的变位形式，这个时态表示的是"过去的过去"，在句中说明 escuchar 这个事件发生在 acercarse 和 refugiarse 之前。

2 se fueron arrimando 意思是"逐渐地加入"。当动词 ir 搭配另一个动词的副动词形式使用时，表示这个动作慢慢地、逐步地进行。

3 faltara 是动词 faltar 的虚拟式过去未完成时的变位形式。no porque 所引导的从句动词使用虚拟式是为了避免歧义，说明 no 否定的不是主句内容（"Por fin no entró nada más bajo el sombrero de Juan."），而是说明 porque 从句所表示的原因（faltaba espacio o buena voluntad）并非事实情况。

## A ENTENDER

| | |
|---|---|
| triangular *adj.* 三角形的 | guarecerse *prnl.* 栖身，躲避（风、雨等） |
| granizo *m.* 冰雹 | refugiarse *prnl.* 躲避，躲藏 |
| estirar *tr.* 伸直，舒展（四肢） | arrimarse *prnl.* 加入 |
| ganso, sa *m. f.* 鹅 | jaula *f.* 笼子 |
| cuerda *f.* 绳子 | acantilado *m.* 悬崖 |

**1** Di a qué se refiere la parte subrayada y en caso de verbo, cuál es el sujeto:

1) Traían toda clase de animales, la arena de las playas y los acantilados, como si fuera necesario proteger todo eso de la lluvia.

   *Traían*: _____

   *fuera*: _____

2) No porque faltara espacio o buena voluntad, sino porque ya no quedaba nada ni nadie por llegar.

   *faltara*: _____

   *quedaba*: _____

**2** Indica si son verdaderas (V) o falsas (F) las siguientes interpretaciones del texto:

1) (      ) Juan era el único fabricante en Sansemillas.

2) (      ) No había suficiente espacio en su casa para guardar el sombrero recién hecho.

3) (      ) Incluso los continentes cabían en el sombrero.

**3** ¿Qué virtud ha mostrado Juan?

_____

_____

_____

_____

El mar es vasto porque se alimenta de todos los ríos.

海纳百川，有容乃大。

# Unidad 4

El medio ambiente 环境保护

# Texto 1 —— • El medio ambiente, nuestro futuro •

## 环境就是未来

环境保护是人类社会永恒的议题，近年来更是受到世界各国的普遍关注。保护环境的
意义是什么？作为个体，我们在日常生活中可以做些什么来保护环境呢？或许这篇课文能
带给你思考和启发。

• Texto 1-1

¿Dónde jugarán los niños?

Cuenta el abuelo
que de niño él jugó
entre árboles y risas
y aves del color.

Recuerda un río
transparente sin olores,
donde abundaban
peces,
no sufrían ni un dolor.

Cuenta mi abuelo
de un cielo muy azul,
en donde[1] voló

papalotes
que él mismo construyó.
El tiempo pasó y
nuestro viejo ya murió,
y hoy me pregunté,
después de tanta
destrucción.

¿Dónde jugarán
los pobres niños?
¿en dónde[1] jugarán?
ya no hay lugar
en este mundo.

Reducir, reciclar y reutilizar

## Reducir

La cantidad de bolsas de plástico.[2] Lleva tu propia bolsa reusable al supermercado o a la tienda.

La cantidad de detergente que se usa en el lavado. Éste viaja de los hogares a los ríos y desemboca en el mar dañando a los peces, ¿lo sabías?

La cantidad de humo que producimos. Si nos transportamos en bicicleta en vez de en auto, no contaminamos el aire.

## Reciclar

El vidrio de las botellas. Puede fundirse y usarse de nuevo.

El plástico de algunos envases. Puedes recolectarlo y entregarlo en los depósitos donde también compran papel, cartón y fierro.

## Reutilizar

La hoja de papel de un trabajo escolar. Puede usarse el reverso para otra tarea.

La ropa que ya no te queda, o los libros y revistas que leíste. Pueden interesar a otros niños.

1 en donde: 虽然这个结构符合语法规则，但省略 en，直接使用 donde 的表达方式更常见。下文里的 en dónde 也属于这种情况。

2 La cantidad de bolsas de plástico.: 这篇课文中每一段的第一句都没有变位动词，不能构成句子。虽然按照语法规则，不构成句子的短语不能搭配句号使用，但这篇课文是一篇具备公告功能的说明文，追求表达的简练、高效，因此所有的段落首句中都省略了那个已经在段落小标题中出现了的动词，实质上仍然可以被视作句子。

A ENTENDER

| | |
|---|---|
| transparente *adj.* 透明的 | fundir *tr.* 熔解 |
| destrucción *f.* 毁坏，毁灭 | envase *m.* 容器，包装 |
| detergente *m.* 清洁剂，洗涤剂 | depósito *m.* 仓库，储藏室 |
| contaminar *tr.* 污染 | cartón *m.* 纸盒，纸板箱 |
| vidrio *m.* 玻璃 | fierro *m.* 铁 |

A TRABAJAR

1 (　　) En el poema *¿Dónde jugarán los niños?*, la frase "ya no hay lugar en este mundo" significa:

A) No hay suficiente espacio en este mundo.

B) Hay mucha contaminación en el mundo.

C) El mundo está demasiado poblado ahora.

2 La rima es esencial en los poemas. Busca en el poema *¿Dónde jugarán los niños?* vocablos que riman con *jugó*:

jugó ⇨ [　　　　] ⇨ olores ⇨ [　　　　] ⇨ [　　　　] ⇨ [　　　　]

3 ¿Qué debemos hacer con las siguientes cosas para proteger el medio ambiente? Rellena la tabla:

envases de plástico　　　　　　　　bolsas de plástico

los libros y revistas que leíste　　　botellas de vidrio

| reducir | reciclar | reutilizar |
|---|---|---|
| | | |

# Texto 2 — El niño terrícola

## 来自地球的小朋友

**A PREPARARTE**

在成长过程中，我们都有过置身于某个陌生的新环境的经历。在这篇课文里，作者讲述了一个小男孩转学第一天发生的故事。他的新同学们似乎和他不太一样……他们是谁？他们会接纳他吗？

**A LEER**

Era un día muy tranquilo en el colegio sideral.

–Silencio, pequeños –dijo la profesora mientras aplaudía con sus tentáculos.

Y así se hizo el orden[1] antes de empezar la clase.

–Hoy llegará un nuevo amiguito –agregó.

–¿Y cuándo llegará? –consultó Ismael 4 de Marte[2].

–En dos minutos más –dijo la profesora.

Entonces se escuchó un silbido extraño y los niños salieron corriendo al patio.

Una nave aterrizó y de su interior salió un niño.

–No tiene antenas –dijo Frigo de Mercurio[2].

–Tampoco es verde –opinó Beltru de Saturno[2].

–Solo tiene dos brazos –fue lo que expresó Pluto de Plutón[2].

–Niños, niños, vamos adentro para que pueda sacarse su traje espacial.

Al estar todos sentados el niño terrícola se sacó su traje.

Fue entonces cuando habló:

–Son ustedes muy extraños, pero parecen amigables, creo yo. Mi nombre es Simón y vengo de la Tierra. ¿Quieren ser mis amigos?

Se hizo un silencio absoluto y total.

Hasta, que el más pequeño de todos, Ned de Neptuno[2], levantó la voz.

–Tú también nos pareces extraño, pero también pareces simpático. ¿Quieres ser amigo nuestro?

Y ese día, por primera vez en su vida, Simón compartió las colaciones más extrañas de la galaxia.

Al fin de cuentas, cambiarse de colegio no es algo tan difícil.

## A SABER

1  se hizo el orden 意思是"整顿好了纪律，恢复了秩序"。

2  Marte 指的是火星。本文作者充满想象力地描绘了一个来自地球的小男孩第一次转学到一所在外星的恒星学校，与来自其他星球的小朋友相遇的故事。因此，课文里出现的小朋友的姓名后面都指明了他或她来自哪个星球。下文中，Mercurio 是水星，Saturno 是土星，Plutón 是冥王星，Neptuno 是海王星。

## A ENTENDER

| | |
|---|---|
| sideral *adj.* 恒星的 | espacial *adj.* 太空的，宇宙的 |
| tentáculo *m.* 触角，触手 | terrícola *adj.* 地球的 |
| silbido *m.* 口哨声 | colación *f.* 糕点，糖果 |
| nave *f.* 船，舰 | galaxia *f.* 银河系 |
| antena *f.* 电线，触角 | al fin de cuentas 毕竟，归根到底 |

**1** Indica si son verdaderas (V) o falsas (F) las siguientes interpretaciones del texto:

1) (        ) Simón llegó en cohete a su nuevo colegio.

2) (        ) Simón era distinto de los otros niños.

3) (        ) Los compañeros recibieron a Simón con amabilidad.

**2** Completa el siguiente crucigrama según las siguientes pistas:

1) Nombre del protagonista.

2) Planeta del que viene Beltru.

3) Planeta del que proviene Pluto.

4) Nombre del niño que pregunta cuándo llegará el protagonista.

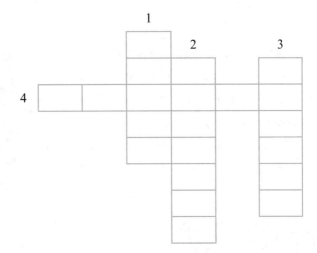

**3** Consulta por Internet la distancia entre los planetas mencionados en el texto y el Sol para

ordenarlos. ¿Cuál está más cerca del Sol y cuál está más lejos?

Sol _____ _____ _____ _____ _____ _____

# Texto 3 ──── Los volcanes
## 火山

你知道吗？世界第三大火山就坐落于西班牙。除了它的名字和地理位置以外，这篇课文还将向我们介绍关于火山的一些基本知识。在开始阅读之前，可以先想一想，说明文和记叙文在写作目的、篇章结构、语言风格等方面有什么不同之处？

### ¿Qué son?

Los volcanes son montes con una abertura superior llamada cráter. Cuando un volcán entra en erupción, expulsa por el cráter la lava, que es una mezcla de gases y rocas fundidas que salen ardiendo del interior de la Tierra.

La mayoría de los volcanes están inactivos, pero algunos entran en erupción cada mucho tiempo.

### ¿Dónde están?

Los volcanes están repartidos por todo el mundo. ¡Hasta los hay dentro del mar! Y sabemos que muchas islas se han formado por la erupción de un volcán existente en el fondo del mar.

Entre los volcanes más importantes del continente europeo están el Vesubio[1] y el Etna[2], en Italia. Además, en España está el Teide[3], que se encuentra en la isla de Tenerife, en Canarias[4].

### Una erupción célebre

Hace casi 2000 años, el Vesubio entró en erupción y destruyó una población romana llamada Pompeya[5]. Fueron tantas las cenizas que salieron del volcán que cubrieron por completo las calles y los edificios de la ciudad.

Durante muchos años, Pompeya estuvo oculta bajo tierra, hasta que fue descubierta y recuperada. En la actualidad, cientos de turistas la visitan a diario.

1. el Vesubio: 维苏威火山，位于意大利南部那不勒斯湾东海岸。
2. el Etna: 埃特纳火山，位于意大利西西里岛东岸。
3. el Teide: 泰德峰，世界第三大火山，也是西班牙和大西洋岛屿的最高峰。
4. la isla de Tenerife, en Canarias: 特内里费岛，是西班牙位于靠近非洲海岸大西洋中的加那利群岛中最大的一个岛屿。
5. Pompeya: 庞贝古城，古罗马城市之一，位于意大利南部那不勒斯附近。

## A ENTENDER

| | |
|---|---|
| volcán *m.* 火山 | lava *f.* 熔岩 |
| cráter *m.* 火山口 | célebre *adj.* 著名的 |
| erupción *f.* 喷发，喷出 | ceniza *f.* 灰烬 |

## A TRABAJAR

1. (　　) es la abertura superior de los volcanes.

   A) Lava　　　　　　　　B) Erupción　　　　　　　　C) Cráter

2. (　　) es la mezcla de gases y rocas fundidas que expulsan los volcanes en erupción.

   A) Lava　　　　　　　　B) Cráter　　　　　　　　C) Monte

3. (　　) es un volcán que se encuentra en la isla de Tenerife, en Canarias.

   A) El Vesubio　　　　　　B) El Etna　　　　　　　C) El Teide

4. Indica si son verdaderas (V) o falsas (F) las siguientes interpretaciones del texto:

   1) (　　) Actualmente hay más volcanes inactivos que los activos.

   2) (　　) Hay volcanes en las islas repartidas en el mar.

   3) (　　) Después de la erupción, Pompeya se quedó muchos años bajo tierra.

El cielo y la tierra conviven con el hombre, y el hombre,
junto con todos los demás elementos, forman un conjunto.

天地与我并生，而万物与我为一。

# Unidad 5

La diversidad del mundo 多姿多彩的世界

# El festival Holi: una batalla de color

## 胡里节：色彩大战

**A** PREPARARTE

多姿多彩的节日庆典是世界文化多样性最生动的一种体现形式。在这篇课文里，你将了解胡里节（Holi）的来历和庆祝方式。为什么人们会把它称为"色彩大战"？在开始阅读前也可以先想一想，你最喜欢的节日是哪一个，你会做些什么来庆祝它呢？

**A** LEER

**Una fiesta con mucho significado**

① Desde tiempos inmemoriales, con la llegada de la primavera se celebra en la India un festival muy especial: el Festival Holi, también conocido como Festival de los colores. Se festeja en muchas ciudades de ese país, pero es especialmente llamativo el de la ciudad de Mathura[1], a unos 150 kilómetros de Nueva Delhi, la capital de la India.

② El Holi es una antigua fiesta hindú que se celebra para despedir el invierno y dar la bienvenida a la primavera y al buen tiempo. Se trata de un día en el que la gente se dedica a comer, jugar, reír… ¡y teñirse de colores!

**Un festival muy colorido**

③ La noche previa al festival, se encienden hogueras y la gente canta y baila alrededor de ellas. Se cree que así se ahuyenta a los malos espíritus.

④ Al día siguiente, el objetivo de los participantes es teñir de colores a los demás usando *gulal*, unos polvos hechos con harina coloreada y perfume. Para lograr su objetivo tienen dos opciones. Pueden coger un puñado de *gulal* y lanzarlo directamente, o bien pueden mezclarlo con líquido. En ese caso, hacen falta globos o una pistola de agua.

⑤ Durante la fiesta, se desata una auténtica batalla, tras la cual² las personas acaban completamente cubiertas de colores. Y las calles, las fachadas de los edificios y los árboles de los parques quedan teñidos de rojo, amarillo, azul, verde, rosa…

⑥ Al final del día, la gente se lava, se cambia de ropa y va a visitar a sus familiares y amigos para comer dulces todos juntos.

⑦ ¿No te gustaría³ participar en una fiesta tan divertida como esta?

## A SABER

1 Mathura: 马图拉，印度北方邦西南部的一座城市。

2 tras la cual 相当于 tras la que，这里的 la 指代的是上一句中的 una auténtica batalla。

3 gustaría 是动词 gustar 的陈述式简单条件时变位形式。该时态的表达功能请见第 2 单元第 2 课。

## A ENTENDER

| | |
|---|---|
| inmemorial *adj.* 无法追忆的，古老的 | puñado *m.*（量词）一把 |
| festejar *tr.* 庆祝 | líquido *m.* 液体 |
| teñirse *prnl.* 染上颜色 | globo *m.* 气球 |
| hoguera *f.* 火堆，篝火 | pistola *f.* 手枪，喷枪 |
| ahuyentar *tr.* 赶走，吓跑 | desatar *tr.* 解开，挑起 |
| perfume *m.* 香水，有香味的物质 | fachada *f.*（建筑物的）外立面 |

## A TRABAJAR

1 ¿Cuándo tiene lugar la celebración del festival Holi?

_____

_____

2 ¿Con qué objetivo celebran este festival?

_____

_____

**3** (  ) ¿Qué es *gulal*?

A) Polvos de colores y aroma.

B) Comida hecha de harina.

C) Ropa especial de la India.

**4** ¿En cuál de los párrafos del texto incluirías las siguientes informaciones? Rellena la tabla con el número correspondiente:

| Informaciones adicionales | Número del párrafo |
|---|---|
| Esta fiesta se celebra también en otros países donde vive mucha gente de origen indio. | |
| Después de la batalla, toda la ciudad parece un enorme arcoíris. | |
| Pero hay que tener cuidado de no hacer daño a nadie al disparar la pistola o al lanzar los globos. | |

# La Añañuca

## 阿纳努卡杜鹃花

我们中国人把"梅兰竹菊"四种植物视作高尚人格的象征，其实在许多西班牙语国家的传说故事中，人们也会赋予植物特殊的含义。在这篇课文里，你将会读到一个智利的传说，认识一朵叫做 Añañuca 的花，了解它名字背后的故事。

La añañuca es una flor típica de la Zona Norte de Chile, que crece específicamente entre Copiapó (Región de Atacama) y el valle de Quilimarí (Región de Coquimbo). Pero pocos saben que su nombre proviene de una triste historia de amor.

Cuenta la leyenda que, en tiempos muy antiguos, en la localidad de Monte Patria[1], vivía Añañuca, una bella joven indígena que todos los hombres querían conquistar.

Un día llegó al pueblo un minero que andaba en busca de un tesoro. Al conocer a Añañuca, surgió el amor entre ambos, por lo que decidieron casarse.

La pareja fue feliz durante un tiempo, pero una noche, el joven tuvo un sueño en que un duende le mostraba el lugar en donde se encontraba la mina que por tanto tiempo buscó. A la mañana siguiente, sin avisarle a nadie, ni siquiera a su mujer, partió a buscarla.

Añañuca, muy triste, lo esperó y esperó, pero pasaban los días, las semanas, los meses y el joven minero nunca regresó, por lo que muchos pensaron que había fallecido[2].

Añañuca pronto murió de la gran pena de haber perdido a su amado. Fue enterrada por los pobladores en pleno valle en un día de suave lluvia. Al día siguiente, salió el sol y todos los vecinos del pueblo pudieron ver un sorprendente suceso. El lugar donde había sido[2] enterrada la joven se cubrió por una abundante capa de flores rojas.

Desde ese momento, se asegura que esta joven se convirtió en flor, como un gesto de amor a su esposo, ya que de esta manera permanecerían siempre juntos.

Así fue que se le dio a esta flor el nombre de Añañuca.

**A SABER**

1　Monte Patria: 蒙特帕特里亚，智利中部城市，隶属科金博（Coquimbo）大区。

2　había fallecido 是动词 fallecer 的陈述式过去完成时变位形式。下文中的 había sido 则是动词 ser 的陈述式过去完成时变位形式。该时态的表达功能请见第 3 单元第 3 课。

**A ENTENDER**

| | |
|---|---|
| provenir *intr.* 源自，来自 | enterrado, da *p.p.* 被埋葬了的 |
| minero, ra *m. f.* 矿工 | abundante *adj.* 丰富的，大量的 |
| duende *m.* 鬼怪，精灵 | capa *f.* 层，表层 |
| mina *f.* 矿，矿场 | permanecer *intr.* 保持，持续 |
| ni siquiera 就连……也没有 | |

**1** (      ) ¿Qué es la añañuca?

A) Una flor blanca típica de la Zona Norte.

B) Una flor roja típica de la Zona Norte.

C) Una flor roja típica de la Zona Sur.

D) Una flor blanca típica de la Zona Sur.

**2** (      ) ¿Por qué murió Añañuca?

A) Se cayó en la mina por accidente.

B) Su marido no encontró el tesoro.

C) El duende no logró curar su mal.

D) No volvió a ver a su marido.

**3** Busca en el texto palabras que corresponden a las siguientes interpretaciones:

1) Lograr el amor de alguien. _____

2) Dar noticia de algún hecho. _____

3) Extraño, que sorprende. _____

4) Que existe en gran cantidad. _____

# El precio de la oscuridad

## 黑夜的价值

神话传说故事往往充满了想象力，阅读的过程会带给我们从另一个角度重新看世界的新鲜体验。在这篇课文里，你将会读到一则古老传说，传说中美洲土著和蛇做了一场交易。他们交换了什么东西？这个传说和我们身边的哪些自然现象有关？

Cuenta una antigua leyenda de los indios americanos que hace muchísimos años siempre era de día y el sol iluminaba permanentemente la Tierra.

No era una época feliz. Los hombres y los animales apenas podían descansar, pues la fuerza de la luz los arrancaba enseguida de su sueño. Solo las serpientes, dueñas de la oscuridad, vivían felices.

Un día los hombres decidieron poner fin a aquella situación. Y enviaron al gran jefe indio a la morada de las serpientes.

El rey Serpiente dormía en su sombrío palacio cuando el gran jefe indio llegó.

–¿A qué has venido?[1]

–¡Oh, gran señor de las serpientes!, los hombres estamos desesperados. El sol calienta sin descanso y nos impide dormir. ¡Si pudiéramos tener algo de oscuridad…![2]

Luego, se quitó un cascabel que llevaba colgado al cuello y se lo ofreció al rey:

–Mi pueblo te envía esto como presente.

–No se sirve–dijo el rey despectivamente–. ¡No tengo manos!

Entonces, el gran jefe ató el cascabel a la cola de la serpiente. Al rey le divirtió aquel sonido y aceptó el regalo. Luego ordenó meter un poco de oscuridad en un saco y entregárselo al jefe indio.

–Pero… ¡No hay suficiente oscuridad! –dijo el hombre al cogerlo–. Necesito más.

–Muy bien. Te daré toda la que tengo. Pero, a cambio, debes traerme un tonel repleto del veneno en el que empapáis vuestras flechas. Con él todos nos respetarán más.

El jefe indio volvió al poblado y contó lo sucedido. Todos consintieron en entregar el veneno al rey Serpiente.

–Aquí está el veneno–dijo el indio al llegar por segunda vez al Palacio de la Oscuridad.

–Tu saco está preparado-respondió el rey Serpiente–. Contiene toda la noche. Es imposible que se agote.

Y así, los hombres consiguieron la noche para descansar, y las serpientes se hicieron con el veneno que necesitaban para defenderse. Y también desde entonces algunas serpientes emiten al moverse un sonido parecido al de un cascabel. Son las que descienden del rey Serpiente, el que entregó la noche a los hombres a cambio de veneno.

## A SABER

1. ¿A qué has venido? 意思是"你来做什么？"需要注意的是，这种提问方式所传递的是厌烦的、不友善的语气。

2. ¡Si pudiéramos tener algo de oscuridad…! 意思是"要是我们能拥有一些天黑的时间就好了！" pudiéramos 是动词 poder 的虚拟式过去未完成时的变位形式，和 si 搭配使用是用来作出与现实情况相悖的假设。

## A ENTENDER

| | |
|---|---|
| arrancar *tr.* 拔起，使离开 | veneno *m.* 毒物，毒药 |
| morada *f.* 住宅 | empapar *tr.* 浸湿，泡湿 |
| sombrío, a *adj.* 阴暗的 | flecha *f.* 箭 |
| cascabel *m.* 铃铛 | consentir *intr.* 同意，赞成 |
| despectivamente *adv.* 轻蔑地 | agotarse *prnl.* 耗尽，枯竭 |
| tonel *m.* 桶，木桶 | emitir *tr.* 发出 |
| repleto, ta *adj.* 满的 | descender *intr.* 出身，起源于 |

**1** ¿Por qué el sitio donde vivía el rey Serpiente se llamaba el Palacio de la Oscuridad?

_____

_____

**2** ¿Qué hechos naturales explica esta leyenda?

1) El origen de _____.

2) Por qué la mayoría de las serpientes son _____.

3) Por qué algunas serpientes _____ al moverse.

**3** Interpreta en español la parte subrayada de las siguientes oraciones o expresiones:

1) Los hombres y los animales apenas podían descansar, pues la fuerza de la luz los arrancaba enseguida de su sueño.

_____

_____

2) Un día los hombres decidieron poner fin a aquella situación.

_____

_____

# Texto 4 ────── ⟨ Un lugar extraordinario ⟩ ──────
一个不可思议的地方

**A PREPARARTE**

在伊玛古拉达·迪亚斯（Inmaculada Díaz）创作的这部短剧里，我们将和一群游客一起，在导游洛拉（Lola）的带领下游览一个众人口中的"世界上最不可思议的地方"。这个地方有哪些特别之处呢？同行的游客们来自西班牙各个不同的城市，从他们的对话里，你得到了哪些有关这些城市特色的信息？你能用西班牙语介绍你家乡的特色吗？

**A LEER**

Narrador: A <u>Suboybajo del Monte</u>[1] ha llegado un autocar de turistas. Lola, la guía, les va a enseñar el pueblo.

Lola: Bienvenidos al pueblo más bonito y extraordinario del mundo.

Turista 1: Señorita, ¿por qué se llama así el pueblo?

Lola: Señor, ¿no ve que está en un monte y todas las calles son empinadas?

Turista 2: ¡Tiene que ser agotador vivir aquí!

Lola: Pues no, porque bajamos las cuestas en monopatín y, si al subir nos cansamos, Sebas, que es el más fuerte del pueblo, nos coge en brazos.

Narrador: Lola los lleva a continuación a la iglesia.

| | |
|---|---|
| Turista 1: | ¡Qué pequeña! Yo soy de León. Allí hay una catedral enorme. |
| Narrador: | Lola los conduce después al río para ver el puente de piedra. |
| Turista 2: | ¡Uy! Esto es un arroyo. Yo soy de Zaragoza. El río Ebro sí que es ancho[2] y tiene un montón de puentes. |
| Narrador: | Luego, Lola se dirige hasta la torre del reloj. |
| Turista 3: | ¡Qué torre más bajita! En Madrid tenemos rascacielos, que son altísimos. |
| Narrador: | Después, van al mirador para ver la sierra. |
| Turista 4: | ¡Uf! La sierra de Gredos es mucho más bonita. |
| Turista 5: | Este pueblo no tiene nada extraordinario… |
| Lola: | Aún no hemos terminado. Miren, esta es la plaza Mayor. |
| Turista 6: | ¡Es minúscula! La de Salamanca sí que es grande.[2] |
| Lola: | ¡Ya! Pero esta plaza es adaptable, pues Sebas empuja los edificios hacia atrás cuando necesitamos más espacio. |
| Todos: | ¡Ooooh! |
| Lola: | Observen ahora esta increíble fuente de piedra. |
| Turista 7: | ¿Increíble? ¡Pero si solo tiene un chorrito de agua! |
| Lola: | ¿Y quién le ha dicho que sea agua? Sepa usted que, en verano, nuestra fuente echa granizado de limón; en otoño, infusiones; en invierno, chocolate calentito; y en primavera, refrescos. |
| Todos: | ¡Ooooh! |
| Lola: | ¡Y este olivo que ven aquí tiene 64 años! |
| Turista 8: | ¿Y qué?[3] En Jaén tenemos olivos centenarios. |
| Lola: | ¡Ah! Pero seguro que solo dan aceitunas. Nuestro olivo, en cambio, da aceite ya envasado en botellas. |
| Todos: | ¡Ooooh! |
| Lola: | A su derecha está la famosa churrería de doña Pascasia. |
| Turista 9: | ¡Bah! ¡En mi ciudad hay cientos de churrerías! |
| Lola: | Pero en ninguna harán churros de colores que pueden usarse de pulsera cuando se enfrían. |
| Todos: | ¡Ooooh! |
| Narrador: | Y los turistas bebieron tanto en la fuente, tomaron tanto pan con aceite y tantos churros que Sebas tuvo que llevarlos en brazos al autocar. |
| Todos: | ¡Viva Lola! ¡Viva Sebas! ¡Viva Suboybajo del Monte! |

1 Suboybajo del Monte 是作者虚构的地名，其中 Suboybajo 可拆分成 subo y bajo，意思是"我上山又下山"。

2 El río Ebro sí que es ancho. 意思是"埃布罗河确实是一条很宽的河流。"sí que 这个结构能起到强调肯定语气的作用。下文中的"La de Salamanca sí que es grande."也用到了这种表达方式。

3 ¿Y qué? 意思是"那又如何？"

A ENTENDER

| | |
|---|---|
| extraordinario, ria *adj.* 非凡的，奇特的 | adaptable *adj.* 能改装的 |
| empinado, da *adj.* 陡峭的 | empujar *tr.* 推 |
| monopatín *m.* 滑板车 | infusión *f.* （煮制的）饮品 |
| arroyo *m.* 小溪 | olivo *m.* 橄榄树 |
| torre *f.* 塔 | aceituna *f.* 油橄榄 |
| rascacielos *m.* 摩天大楼 | churrería *f.* 卖西班牙油条的店 |
| mirador *m.* 瞭望台 | churro *m.* 西班牙油条 |
| sierra *f.* 山峦 | pulsera *f.* 手镯 |
| minúsculo, la *adj.* 微小的 | |

A TRABAJAR

1 Relaciona las ciudades españolas con sus características mencionadas en el texto:

1) Madrid     (    )         A) Tiene un río ancho y un montón de puentes.

2) Zaragoza     (    )         B) Tiene olivos centenarios.

3) Jaén     (    )         C) Tiene rascacielos altísimos.

4) Salamanca     (    )         D) Tiene una plaza Mayor grande.

5) León     (    )         E) Tiene una catedral enorme.

2 ¿Qué tiene de especial Suboybajo del Monte?

| ¿Qué hay? | ¿En qué se distingue? |
|---|---|
| Una plaza Mayor | Es adaptable. Si se necesita más espacio en la plaza, se puede empujar los edificios hacia atrás. |
|  |  |
|  |  |
|  |  |

3 Cuenta en español una característica destacada de tu pueblo natal o de la ciudad donde vives ahora:

_____

_____

_____

_____

# Unidad 6

Amistad y solidaridad 友谊和团结

## Amistad y solidaridad
### 友谊和团结

　　友谊和团结能冲破地理、文化和身份的重重界限，消除人与人之间的隔阂。那么，团结友爱的真正内涵是什么？作为外语学习者，我们能为促进世界各个民族之间的友谊做些什么呢？希望你能在阅读这篇课文的过程中得到启发。

• Texto 1-1

25-JULIO-2012

### Niños de Perú y Chile expresaron amistad sin fronteras[1]

**Lima.** Unos treinta niños y niñas chilenos compartieron un día de muestras folclóricas con niños y niñas peruanos en la ciudad de Lima para estrechar la amistad entre los dos países.

Los niños y niñas chilenos pertenecen a un grupo de folclor infantil llamado "Los Grillitos". Su director es Miguel Gutiérrez, quien dijo: "Para los niños de Perú y Chile no existen las fronteras."

"Los Grillitos" mostraron rondas, cantos, poesías y bailes de la Zona Central de Chile. Los niños de Perú también mostraron bailes de su país. Durante la presentación, se intercambiaron banderas de los dos países en señal de amistad. También hicieron un llamado a todos los niños y niñas para construir juntos un futuro de paz y desarrollo.

## Solidaridad[2]

Es el valor de apoyarnos unos a otros, y especialmente de ayudar a aquellas personas cercanas y lejanas que están en una situación difícil o que han tenido mala suerte.

Imagina que estamos todos en un barco a remo y a alguien se le cae el suyo al agua. No podemos seguir remando como si no hubiera pasado nada[3]. ¡Hay que conseguirle otro remo!

## Amistad cívica

No, no se trata de que todos tengamos que ser amigos por obligación. La amistad cívica es lo que ocurre cuando convivimos en paz en una ciudad o país, con amigos y con personas que no conocemos, incluso con alguien del equipo rival, porque es lo más sano. También es amistad cívica que nadie te tenga que obligar a cooperar con la comunidad, sino que tú decidas hacerlo porque ya sabías de antes que eso es bueno.

**A SABER**

1　Niños de Perú y Chile expresaron amistad sin fronteras 这篇课文改编自秘鲁安迪纳通讯社于 2012 年 7 月 25 日刊登的一篇新闻报道。

2　Solidaridad 这篇课文选自智利政府出版的《宪法概念辞典》（*Constitucionario*）。

3　como si no hubiera pasado nada 意思是"就像什么都没发生过一样"。hubiera pasado 是动词 pasar 的虚拟式过去完成时的变位形式，该时态搭配 como si 的表达功能请见第 1 单元第 3 课。

| | |
|---|---|
| ronda *f.* 轮唱 | remar *intr.* 划船 |
| llamado *m.* 召唤，号召 | cívico, ca *adj.* 公民的 |
| remo *m.* 船桨 | rival *m. f.* 对手 |

A TRABAJAR

**1** Rellena la siguiente tabla con las informaciones de la noticia del Texto 1-1:

| ¿Dónde? | ¿Quiénes? | ¿Qué tuvo lugar? |
|---|---|---|
| | | |
| | | |
| | | |

**2** (　　) La solidaridad…

A) solo existe entre los amigos íntimos.

B) es dar la mano a otros en casos de peligro.

C) no tiene nada que ver con la amistad.

**3** (　　) ¿Cuál de las siguientes afirmaciones es falsa?

A) Los rivales también pueden ser amigos.

B) No es obligatorio hacerse amigo de todo el mundo.

C) La amistad cívica está basada en la obligación.

# Texto 2 — Buscador de fortuna
## 财富的寻找者

**A PREPARARTE**

　　君子爱财，取之有道。在这篇课文里，你将认识一只癞蛤蟆，并和它一起踏上寻找财富的旅程。最后它找到了吗？请你在阅读后帮助主人公总结一下，获得财富的秘诀是什么？

**A LEER**

Narradora: Había una vez un sapo que vivía aburrido en una laguna. Un día decidió salir a buscar fortuna.

Sapo: Me voy a rodar fortuna[1], a ver si por ahí la encuentro.

Narradora: Salió tempranito[2] y caminó...caminó. Llegó a un lugar bien perfumado.[3]

Sapo: ¡Qué bonito es este lugar! Me quedaré entre estas lindas flores. De seguro aquí encontraré fortuna, por eso viven lindas y felices. Buenos días señoras flores, he venido a buscar fortuna. ¿Dónde puedo encontrarla?

Flores: Nosotras no sabemos nada, siga su camino, quizás más adelante la encuentre.

Narradora: Después de mucho caminar, llegó a un lugar donde había muchas mariposas.

Sapo: Aquí me quedaré. Estas mariposas me ayudarán a encontrar la fortuna que busco. Buenas tardes, mariposas, ¿dónde puedo encontrar la fortuna?

Mariposas: No sabemos. Siga su camino y busque otro lugar.

Narradora: El sapo siguió caminando y llegó muy cansado a un lugar, donde había pájaros.

Sapo: Buenas tardes, amigos. Por favor, díganme, ¿dónde puedo encontrar fortuna?

Pájaros: Siga su camino. Adelante encontrará la respuesta.

Narradora: Siguió caminando y llegó donde vivían unas hormigas[4] que estaban bien ocupadas[3] trabajando, pero lo recibieron amistosas.

Hormigas: Aquí hallarás la clave de tu fortuna. ¡Búscala!

Narradora: El sapo se quedó varios días. Conociendo la vida de las hormigas, se dio cuenta de que eran muy afortunadas, no tenían problemas. Todas trabajaban y colaboraban para prepararse a la llegada del invierno. Estaban tan bien organizadas[3], que siempre tenían trabajo y alimento.

Sapo: Ahora sé, cómo tener una vida afortunada, enseñaré a mis amigos y amigas, lo que he aprendido con las hormigas.

---

**A SABER**

1 rodar fortuna 字面意思是"让财富滚动起来",在课文里可以被理解为让资产像雪球一样越滚越大。

2 tempranito 是形容词 temprano 的指小词形式。

3 Llegó a un lugar bien perfumado. 意思是"它到了一个地方,那里的味道非常好闻。"这里的 bien 是 muy 的近义词。下文中的 bien ocupadas 和 bien organizadas 中的 bien 也表达了相同的含义。

4 llegó donde vivían unas hormigas 中的 donde 是关系副词,可以在没有先行词的情况下引导从句,完成对地点信息的限定或修饰。

---

**A ENTENDER**

| sapo *m.* 癞蛤蟆 | de seguro 肯定地 |
|---|---|
| laguna *f.* 池塘 | hallar *tr.* 遇到,找到 |
| rodar *tr.* 使滚动 | colaborar *intr.* 合作 |

**1** Dibuja con unas flechas "→" el recorrido que ha hecho el Sapo para buscar la fortuna:

**2** Busca en el texto palabras que corresponden a las siguientes interpretaciones:

1) Dar buen olor a algo.

_____

2) Idea por la cual es comprensible algo misterioso.

_____

3) Que tienen buena fortuna o buena suerte.

_____

4) Trabajar con otra persona en la realización de una actividad.

_____

**3** ¿Qué ha aprendido el Sapo con las hormigas?

_____

_____

_____

_____

_____

# 两个好朋友

友谊是人和人之间珍贵的情感，需要智慧来维系它。在这篇课文里，有一对好朋友正面临着一个两难的局面。他们要怎么做才能化解这次的友情危机呢？当你和好朋友产生分歧的时候，你会如何应对？

Un búfalo y un ciervo, que habitaban en la inmensa región del Himalaya[1], se conocieron un día por casualidad y se hicieron muy amigos.

Pero los dos animales vivían en zonas muy alejadas entre sí. El búfalo, en los extensos prados de la llanura; y el ciervo, en los bosques de las espinadas laderas de las montañas.

Mantener aquella amistad resultaba tremendamente difícil, pues el búfalo, acostumbrado a caminar por el llano, acababa agotado cuando acudía a ver a su amigo, después de subir por terrenos tan inclinados. Por su parte, el ciervo, cuando visitaba al búfalo, tenía que bajar de la montaña hasta la llanura y allí sentía un calor insoportable que lo dejaba sin energía.

Pasado un tiempo, en uno de sus encuentros en la llanura, los dos amigos se confesaron sus respectivos sufrimientos.

–¡Es un tormento bajar hasta aquí! Estas temperaturas acaban conmigo –comentó el ciervo.

–Para mí es una tortura subir hasta allí –respondió el búfalo.

Un buen día, los animales oyeron hablar de un anciano muy sabio que vivía en plena jungla y decidieron ir a consultarle la cuestión que tanto les preocupaba.

Caminaron varios días hasta llegar a la cabaña del sabio. Una vez allí[2], los dos amigos le contaron su problema.

El anciano sonrió y, después de unos instantes, dijo:

–Lo importante en la vida es encontrar un punto de equilibrio.

–¿A qué se refiere? –preguntó el ciervo con extrañeza.

–A algo muy sencillo. Buscaréis[3] un terreno que esté a medio camino de donde vivís. Tú, búfalo, subirás hasta donde puedas hacerlo sin que termines agotado. Y tú, ciervo, descenderás hasta donde te sea posible sin que llegues a sentirte mal. Ese será vuestro punto de encuentro.

–¡Qué buena idea! –exclamó el ciervo.

–Se trata de que cada uno de vosotros ceda un poco. De esa forma encontraréis el punto de equilibrio.

A partir de aquel día, los dos animales pudieron reunirse más a menudo y continuaron siendo muy buenos amigos.

---

**A SABER**

1. Himalaya: 喜马拉雅山脉。
2. una vez allí 意思是 "一到那里，就……"
3. buscaréis 所在的这个对话段落中，以 tú 为人称的动词变位形式都使用了陈述式将来未完成时这个时态来发出指令。相比命令式，用这个时态来下达命令或者做出指示所表达的语气更为坚决。

---

**A ENTENDER**

| | |
|---|---|
| búfalo, la *m. f.* 水牛 | jungla *f.* 热带丛林 |
| ciervo, va *m. f.* 鹿 | cabaña *f.* 茅屋 |
| ladera *f.* 山坡 | equilibrio *m.* 平衡 |
| tormento *m.* 痛苦，磨难 | ceder *intr.* 让步 |

**1** Di a qué se refiere la parte subrayada y en caso de verbo, cuál es el sujeto:

1) Por su parte, el ciervo, cuando visitaba al búfalo, tenía que bajar de la montaña hasta la llanura y allí sentía un calor insoportable que <u>lo</u> <u>dejaba</u> sin energía.

   *lo*: _____

   *dejaba*: _____

2) Un buen día, los animales oyeron hablar de un anciano muy sabio que vivía en plena jungla y decidieron ir a consultar<u>le</u> la cuestión que tanto <u>les</u> <u>preocupaba</u>.

   *le*: _____

   _____

   *les*: _____

   _____

   *preocupaba*: _____

   _____

**2** Busca en el texto 3 verbos pronominales que se usan con interpretación recíproca:

1) _____

2) _____

3) _____

**3** Según el anciano sabio, ¿cuál es la clave de mantener la amistad?

_____

_____

_____

_____

_____

## Texto 4 — Solo

独自一人

**A PREPARARTE**

友谊可以是幸福时刻共聚庆祝时碰到一起的酒杯，也可能是低谷时分相互支持时触动心灵的话语。有人说友谊是陪伴，也有人说友谊是理解。这篇课文的主题依然是友谊，但标题却是"独自一人"，这是为什么呢？相信你读完这个故事之后就明白了。与此同时，还可以思考一下，在你看来，一段友情之中最理想的相处状态是什么样子的呢？

**A LEER**

Sepo[1] fue a casa de Sapo. En la puerta encontró una nota.

Querido Sepo:

No estoy en casa. Me he ido porque quiero estar solo.

–¿Solo? –se extrañó Sepo–. Sapo sabe que yo soy su amigo. ¿Por qué quiere estar solo?

Sepo miró por las ventanas, en el jardín… Pero no vio a Sapo.

Sepo fue al bosque y al prado. Sapo no estaba allí. Al final, lo divisó a lo lejos, sentado en una isla del río, solo.

—Pobre Sapo. Debe de estar muy triste. Voy a animarlo.

Sepo corrió a casa. Hizo unos bocadillos. Preparó una jarra de té con hielo. Puso todo en una cesta y volvió deprisa al río.

—¡Sapo! —gritó—. ¡Sapo, soy yo, tu mejor amigo!

Pero Sapo estaba demasiado lejos para oírlo.

Sepo se quitó la chaqueta y la ondeó como una bandera, pero Sapo estaba demasiado lejos para verlo. Sepo gritó y le hizo señales con los brazos, pero todo fue inútil…

Entonces, una tortuga pasó nadando. Sepo se subió a ella.

—Tortuga, llévame a la isla. Sapo está allí. Quiere estar solo.

—Si quiere estar solo —dijo la tortuga—, ¿por qué no lo dejas solo?

—Quizá tengas razón. Quizá Sapo ya no quiere ser mi amigo.

—Sí, es posible —dijo la tortuga mientras lo llevaba hacia la isla.

—¡Sapo! —gritó Sepo—. Lamento mucho todas las tonterías que hago. Lamento mucho todas las bobadas que digo… ¡Por favor, vuelve a ser mi amigo!

En ese momento, Sepo resbaló de la tortuga y se cayó al río de espaldas, causando un gran estrépito.

Sapo oyó el ruido del chapuzón y ayudó a Sepo a subir a tierra. Sepo miró en la cesta. Los bocadillos estaban mojados. La jarra de té con hielo estaba vacía.

—Se ha estropeado todo —dijo Sepo—. Lo preparé para ti, Sapo, para que te pusieras[2] contento.

—Pero Sepo, si estoy muy contento. Cuando me desperté esta mañana, el sol brillaba y me sentí muy feliz porque soy un sapo. También me hizo sentirme feliz estar seguro de que tú eres mi amigo. Quería estar solo para poder pensar en lo estupendo que es todo.

—¡Ah, claro! —dijo Sepo—. Me parece que esa es una buena razón para querer estar solo.

—Ahora, en cambio —añadió Sapo—, me alegro mucho de no estar solo. ¡Vamos a comer!

Sapo y Sepo se quedaron en la isla toda la tarde. Comieron los bocadillos mojados sin té con hielo. Eran dos amigos, muy amigos, sentados juntos, solos.

1 Sepo 是作者虚构的姓名。因为这个角色最好的朋友是一只癞蛤蟆，所以它的名字就和西班牙语中的癞蛤蟆，也就是 sapo 一词在拼写上非常接近。

2 te pusieras 是动词 ponerse 的虚拟式过去未完成时变位形式。当主句动词的时态是过去时值时，由 para que 引导的目的从句中应当使用虚拟式过去时值的时态。

## A ENTENDER

| | |
|---|---|
| ondear  *tr.*  使飘扬 | chapuzón  *m.*  落水 |
| tontería  *f.*  蠢事 | jarra  *f.*  敞口带耳的罐子 |
| bobada  *f.*  傻话 | estropear  *tr.*  损坏，毁坏 |
| resbalar  *intr.*  滑落 | estupendo, da  *adj.*  极好的 |
| estrépito  *m.*  巨响 | |

## A TRABAJAR

1 Indica si son verdaderas (V) o falsas (F) las siguientes interpretaciones del texto:

1) (        ) Sepo fue a casa de Sapo, pero no lo encontró.

2) (        ) Sepo se quitó la chaqueta porque quería prestarla a Sapo.

3) (        ) Ni las señales hechas por Sepo lograron llamar la atención a Sapo.

4) (        ) Debido a las tonterías hechas por su amigo, Sapo se puso triste.

2 ¿Qué hizo Sepo para alegrar a su mejor amigo?

_____

_____

_____

_____

3 ¿Por qué Sapo quería estar solo ese día?

_____

_____

_____

_____

Cuando dos personas se tratan con bondad son buenos conocidos;
cuando dos personas hablan con sinceridad son íntimos amigos.

恩德相结者，谓之知己；腹心相照者，谓之知心。

# Unidad 7

Cualidades valoradas 宝贵的品质

## Texto 1 — El tesoro del labrador

### 农夫的宝藏

**A PREPARARTE**

　　我们常说"可怜天下父母心"，父母总是希望能把自己所拥有的最宝贵的东西毫无保留地给予孩子。在这篇课文里，你就会读到一个发生在一位父亲和他的孩子们之间的故事。他给他们留下了一份神秘的"宝藏"，这份宝藏究竟是什么？他又是如何把这份宝藏留给孩子们的呢？

**A LEER**

Un viejo labrador veía que se acercaba su fin.

Con gran preocupación observaba que sus hijos no eran muy trabajadores[1]. Un día los llamó y les dijo:

–Hijos míos, me siento morir[2]. En un lugar de esta finca he enterrado un tesoro. Si ustedes lo buscan, bien pronto lo hallarán[3].

Cuando murió el buen labrador, sus hijos removieron toda la tierra en busca del tesoro. Jamás lograron encontrarlo, pero en cambio tuvieron la satisfacción de que la tierra removida les dio una abundante cosecha.

Ese era el tesoro del viejo y honrado labrador.

68

**1** trabajador 和 trabajoso 都是和动词 trabajar 相同词根的形容词，但含义不同。后缀 -dor 可以表示动作的实施者，所以 trabajador 指的是"勤劳的"（alguien que trabaja）；而后缀 -oso 表示的是"大量的"，因此 trabajoso 指的是"费力的"（algo que cuesta mucho trabajo）。

**2** me siento morir 意思是"我感觉到我快要死了"。

**3** bien pronto lo hallarán 意思是"你们很快就会找到它（宝藏）了"。这里的 bien 是 muy 的近义词。另外，这句句子把副词短语放在动词之前，一方面强调了快的程度，另一方面和前面一句条件从句 si ustedes lo buscan 押韵，使得表达更有气势。

| | |
|---|---|
| labrador, ra *m. f.* 农民 | jamás *adv.* 从未，绝不 |
| finca *f.* 庄园 | cosecha *f.* 收成 |
| remover *tr.* 翻动 | honrado, da *adj.* 诚实的，正直的 |

**1** Interpreta en español la parte subrayada de las siguientes oraciones o expresiones:

1) Un viejo labrador veía que <u>se acercaba su fin</u>.

_____

2) Si ustedes lo buscan, <u>bien pronto lo hallarán</u>.

_____

**2** (    ) ¿Qué le preocupaba al labrador?

A) Que pronto iba a despedirse de sus hijos.

B) Que sus hijos no se sentían satisfechos con la vida.

C) Que sus hijos no eran aplicados en el trabajo.

**3** (    ) ¿Qué tesoro dejó el labrador a sus hijos?

A) Abundantes cosechas escondidas en la finca.

B) Cualidades y habilidades para ganarse la vida.

C) Piedras preciosas enterradas en la tierra.

# El pastorcito mentiroso

## 谎话连篇的放羊人

在这篇课文里，我们将一起重温一则经典的伊索寓言《狼来了》的故事。在阅读过程中，你不但有机会重新思考这则寓言所传递的深刻寓意，还能学会用西班牙语讲好这个耳熟能详的寓言故事。

Había una vez un pastorcito[1] que estaba cuidando su rebaño de ovejas en el monte. Un día decidió divertirse asustando a los campesinos que se hallaban en las cercanías y comenzó a gritar:

–¡El lobo! ¡El lobo! ¡Socorro! ¡Un lobo quiere comerse mis ovejas!

Los campesinos dejaron sus tareas y corrieron a ayudarlo. Cuando vieron que no era cierto, y que el pastorcito se había burlado[2] de ellos, regresaron enojados a su trabajo.

Poco tiempo después, el pastorcito volvió a hacer lo mismo y los campesinos nuevamente llegaron corriendo, pero se dieron cuenta de que el pastorcito solo lo hacía para reírse de ellos.

Pero sucedió que un día un lobo apareció en el monte y empezó a matar a las ovejas. Esta vez, el niño, asustado, corrió en busca de ayuda gritando:

–¡El lobo! ¡El lobo! ¡Un lobo está acabando con mi rebaño! ¡Socorro!

Pero por más que gritaba[3], los campesinos no se movieron, pues pensaron que era otra de sus bromas. Y así fue como el pastorcito perdió todas sus ovejas.[4]

1  pastorcito 是名词 pastor 的指小词，意思是"小牧羊人"。

2  se había burlado 是动词 burlarse 的陈述式过去完成时变位形式。该时态的表达功能请见第 3 单元第 3 课。

3  por más que gritaba 意思是"不管他怎么大喊大叫"。"por + 形容词 / 副词 + que 引导的从句"表达的是让步的语义。

4  Y así fue como el pastorcito perdió todas sus ovejas. 意思是"就这样，那个小牧羊人失去了他所有的羊。"这里的 como 是表示方式的关系副词。

| pastor, ra  *m. f.*  牧羊人 | cercanía  *f.*  附近，邻近 |
|---|---|
| rebaño  *m.*  羊群，牲畜群 | socorro  *interj.*  救命 |

1  Busca en el texto palabras que corresponden a las siguientes interpretaciones y márcalas en la siguiente sopa de letras:

- Se dice en casos de emergencia para pedir ayuda.
- Grupo de ovejas o de otros tipos de ganado.
- Enfadado, enfurecido.
- Acción con que se intenta poner en ridículo a alguien o algo.
- Lugares cercanos o circundantes.

| B | A | F | E | T | C | W | H | O | S |
|---|---|---|---|---|---|---|---|---|---|
| I | D | Q | M | A | E | S | N | Y | T |
| S | O | C | O | R | R | O | R | A | U |
| A | L | B | E | R | C | I | E | M | R |
| R | B | R | O | M | A | E | B | T | E |
| C | R | A | B | E | Ñ | P | A | U | L |
| Q | U | E | N | X | Í | O | Ñ | A | I |
| U | E | N | O | J | A | D | O | N | P |

2  ¿A qué se refiere "lo mismo" en la oración "Poco tiempo después, el pastorcito volvió a hacer lo mismo"?

_____

3  ¿Cuál es la moraleja de esta fábula?

_____

# Texto 3 ⟶ La ventana rota
## 被打破的窗户

**A** PREPARARTE

相信我们每个人在成长过程中，都曾有过犯错的经历。有时犯错固然难以避免，但更重要的是做错事之后的态度和行动。让我们一起来读一读，在这篇小故事里，两位主人公是怎么做的？

**A** LEER

Enrique y Ariel estaban jugando a la pelota en la calle. Ellos sabían que eso es peligroso, pero no hacían caso.

–¡Cógela! –gritó Enrique y lanzó la pelota. Pero la tiró tan alto que dio contra el vidrio de una ventana.

Ariel, temeroso echó a correr; pero Enrique le dijo:

–No huyas, Ariel. Si rompimos el cristal, yo hablaré con Rosa, la dueña de la casa.

–Tienes razón –contestó Ariel–, pero yo iré contigo. Tú no estabas jugando solo.

En eso salió Rosa. Los niños le contaron lo sucedido y se comprometieron a arreglar la ventana. Y Rosa, les dijo a los dos:

–Acepto que me ayuden. Pero tienen que prometerme que no jugarán[1] más en la calle. Una ventana se puede arreglar; pero un accidente es peligroso.

Ahora cada vez que los niños van a jugar recuerdan el consejo de Rosa. Nunca más han jugado en la calle.

72

**1** jugarán 是动词 jugar 的陈述式将来未完成时的变位形式，在此处表示未来将要发生的情形。

| cristal *m.* 玻璃 | comprometerse *prnl.* 答应，承诺 |
|---|---|

**1** (      ) La frase "Ellos sabían que eso es peligroso, pero no hacían caso." significa que:

A) Allí no había mucho tráfico.

B) Decidieron ignorar el riesgo.

C) No encontraron otro lugar.

**2** (      ) Ariel echó a correr con mucho miedo porque:

A) La pelota rompió una copa de cristal.

B) Se le cayó la pelota desde muy alto.

C) La pelota chocó contra una ventana.

**3** (      ) La dueña de la casa les dijo que:

A) tenían que dejar de jugar a la pelota.

B) jugar en la calle podía causar accidentes.

C) no hacía falta arreglar la ventana.

**4** ¿Qué cualidad valorada se ha mostrado el niño llamado Enrique?

_____

_____

_____

_____

_____

# Texto 4 ⸺ La pequeña luciérnaga
## 小萤火虫

## A PREPARARTE

在这篇课文里，你将读到一只小萤火虫的成长故事。她从自卑到自信，是什么让她鼓起勇气迈出了第一步？如果你的好朋友同样因为质疑自己的能力而感到沮丧，你会怎么做呢？

## A LEER

En un centenario roble del bosque vivía una familia de luciérnagas.

Todas las noches, las luciérnagas abandonaban el viejo árbol, revoloteaban de acá para allá en medio de la oscuridad e iluminaban el aire con sus puntitos de luz, como si de estrellitas juguetonas se tratase[1], creando un extraordinario espectáculo.

Pero, en aquella familia, la luciérnaga más pequeña nunca estaba dispuesta a acompañar a las demás, y siempre ponía alguna disculpa para quedarse sola y no salir de casa.

A medida que pasaba el tiempo, sus padres, sus hermanos y sus abuelos empezaron a estar cada vez más preocupados.

¡No era normal que a la pequeña luciérnaga no le hiciese[2] ilusión brillar en la oscuridad!

Un día, cuando se hizo de noche y todos se marchaban, la abuela anunció:

–Hoy me quedo aquí. Estoy un poco cansada.

Y a solas con su nieta más pequeña, le preguntó:

–¿Qué te ocurre, jovencita? ¿Por qué no quieres venir nunca con nosotros?

–No me pasa nada. Es que…no me gusta volar.

–¿No te gusta volar e iluminar la noche con tu hermosa luz? –preguntó con extrañeza la anciana.

–¿Cómo puedes decir que tengo una luz hermosa? Es una luz diminuta, insignificante… ¡La luna sí que brilla e ilumina todo! ¡Ella es tan grande…!

Entonces, la abuela sonrió con dulzura y le dijo:

–Eres muy joven. Todavía tienes mucho que aprender.

–¿Qué es lo que tengo que aprender?

–Pues que la luna no brilla siempre de la misma manera.

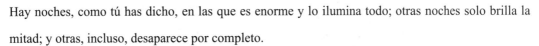

Hay noches, como tú has dicho, en las que es enorme y lo ilumina todo; otras noches solo brilla la mitad; y otras, incluso, desaparece por completo.

–¿De verdad, abuela?

–Sí, hija. Cuando la luna se hace invisible y parece que se ha escondido, solo quedamos nosotras, las luciérnagas, alumbrando la noche. Somos los farolillos de la oscuridad.

La joven se quedó muy impresionada con lo que acababa de descubrir.

–¡Cuánto sabes, abuela! No me imaginaba yo algo así…

–Comprobarás por ti misma lo que te he contado cuando salgas con nosotros. Observarás la luna y te darás cuenta de que tú sí brillas siempre con la misma fuerza y con tu propia luz.

–¡Volemos ahora mismo en busca de los demás!

Y nieta y abuela abandonaron el viejo roble e iluminaron el bosque. Arriba, en el cielo, brillaba la luna. La pequeña luciérnaga sonrió. Estaba dispuesta a contemplar la luna todas las noches para presenciar sus cambios. Y ahora se sentía muy orgullosa de su preciosa luz.

## A SABER

1 se tratase 是动词 tratarse 的虚拟式过去未完成时变位形式。该时态搭配 como si 时的表达功能请见第 1 单元第 3 课。

2 hiciese 是动词 hacer 的虚拟式过去未完成时变位形式。这里使用虚拟式过去时态而非现在时态，是因为主句的时态是过去时值。

## A ENTENDER

| luciérnaga *f.* 萤火虫 | insignificante *adj.* 微不足道的 |
| --- | --- |
| revolotear *intr.* 在空中盘旋 | dulzura *f.* 甜蜜，温柔 |
| juguetón, na *adj.* 贪玩的 | alumbrar *tr.* 照亮 |
| diminuto, ta *adj.* 微小的 | farolillo *m.* 小灯笼，彩灯 |

**1** Indica si son verdaderas (V) o falsas (F) las siguientes interpretaciones del texto:

1) (        ) La luciérnaga más pequeña siempre buscaba excusas para no salir por la noche.

2) (        ) Esa noche la abuela decidió quedarse en casa porque no se encontraba bien.

3) (        ) La nieta admiraba mucho la luz brillante de la luna.

4) (        ) En algunas noches no se ve mucha luz de la luna.

**2** ¿Por qué la luciérnaga más pequeña de la casa se animó a salir a volar?

_____

_____

_____

_____

**3** ¿Qué te inspira esta historia de la pequeña luciérnaga?

_____

_____

_____

_____

# Unidad 8

Valores positivos 珍贵的品德

## La cabritilla y el lobo
## 小羊羔和狼

　　在这则短篇寓言里，一只小羊羔被一匹凶猛壮硕的狼抓住，眼看小羊羔就要变成狼的盘中餐了……在这千钧一发的危急时刻，小羊羔要怎么做才能脱险呢？让我们一起来读一读这篇课文，想一想这个故事能给我们的生活带来哪些警示和启发吧。

　　Una pequeña cabra estaba comiendo hierba cuando de repente, apareció un lobo.

　　–¡Te pillé! ¡Serás mi cena! –aulló el feroz animal.

　　–¿Con tan poco te conformas? Si quieres darte un buen banquete, tengo algo mucho más rico para ti. Sígueme.

　　Los dos llegaron a orillas de un río. En medio del agua se veía la luna.

　　–¡Oh, qué enorme queso! Voy a cogerlo –dijo el lobo relamiéndose.

　　Y sin pensárselo dos veces, se metió en el agua. Pero como no sabía nadar, la corriente lo llevó río abajo[1].

　　La cabra miró al cielo. La luna le había salvado[2] la vida.

**1** la corriente lo llevó río abajo 意思是"水流把它卷到了河的下游"。río abajo 是一个副词短语，指的是"朝着河流的下游方向"。

**2** había salvado 是动词 salvar 的陈述式过去完成时变位形式。该时态的表达功能请见第 3 单元第 3 课。

## A ENTENDER

| | |
|---|---|
| pillar *tr.* 抓住 | banquete *m.* 丰盛的酒席 |
| aullar *intr.*（狼、狗等动物）嗥叫 | relamerse *prnl.* 舔嘴唇 |

## A TRABAJAR

**1** Interpreta en español la parte subrayada de las siguientes oraciones o expresiones:

1) ¿Con tan poco te conformas?

_____

2) En medio del agua se veía la luna.

_____

3) Y sin pensárselo dos veces, se metió en el agua.

_____

**2** Rellena la tabla para hacer un resumen sobre el carácter de los protagonistas del cuento:

| | ¿Cómo era? | ¿Por qué? |
|---|---|---|
| La cabra | | |
| El lobo | | |

**3** ¿Qué has aprendido de este cuento?

_____

# Texto 2 — La golondrina de "Sí, ya sé"

## 一只总说"哦，我早就知道了"的燕子

**A PREPARARTE**

互助是宝贵的品德，不过在这则小故事里，已经伸出援手的麻雀却因为燕子的一个坏习惯而拒绝向它继续提供帮助。这个坏习惯是什么？在开始阅读之前可以先想一想，我们应当以什么样的态度向他人寻求帮助呢？

**A LEER**

Cuentan que la primera golondrina, cuando tuvo que hacer su nido, no sabía cómo empezarlo.

Por fin, le pidió al gorrión ayuda y este empezó a darle la explicación.

–Hacer un nido es fácil, golondrina –decía el gorrión–. Toma unas ramitas secas y ponlas así.

–Sí, ya sé –dijo la golondrina.

–Después, un poco de yerba –continuó el gorrión.

–Sí, ya sé –expresó la golondrina.

–Luego otro poco de yerba.

–Es claro, ya sé.

–Y después…

–Ya sé –interrumpió la golondrina.

Se cansó el gorrión y dijo: –pues si sabes, es inútil que yo te enseñe. ¡Adiós!, y termínalo como puedas[1].

Y emprendió el vuelo.

El nido quedó a medias, la golondrina tuvo que pegarlo a la pared y acabar de fabricarlo con fango.

Todo[2], por la mala costumbre de decir: "Sí, ya sé".

**1** y termínalo como puedas 意思是 "你就尽你所能把它完成吧"。副词 como 搭配动词 poder 的虚拟式现在时变位形式,实现的是非确指的功能,因为尽某人所能可以达到的程度在说话当下无法确定。

**2** todo 指的是上文所述的全部故事情节。此外,这句句子省略了动词,完整的表述应该是 "Todo (lo contado) (tuvo lugar) por la mala costumbre de decir: "Sí, ya sé"."。

## A ENTENDER

| | |
|---|---|
| golondrina *f.* 燕子 | emprender *tr.* 开始 |
| gorrión, na *m. f.* 麻雀 | a medias 半完成状态 |
| interrumpir *tr.* 中断,打断 | fango *m.* 淤泥 |

## A TRABAJAR

**1** Di a qué se refiere la parte subrayada y en caso de verbo, cuál es el sujeto:

1) Cuentan que la primera golondrina, cuando tuvo que hacer su nido, no sabía cómo empezarlo.

*Cuentan*: _____

*lo*: _____

2) Por fin, le pidió al gorrión ayuda y este empezó a darle la explicación.

*este*: _____

*le*: _____

3) Se cansó el gorrión y dijo: –pues si sabes, es inútil que yo te enseñe. ¡Adiós!, y termínalo como puedas.

*es*: _____

*lo*: _____

**2** ¿Por qué el gorrión dejó de enseñar a la golondrina a hacer el nido?

_____

**3** En tu opinión, ¿qué tipo de personas merece la ayuda de los demás?

_____

# Texto 3 — La junta de los ratones
## 老鼠们的会议

**A PREPARARTE**

在这个故事里，一群老鼠正在开会，商讨如何解决一个已经困扰他们多时的难题。终于，有一只老鼠提出了一个"完美"的方案，可是……在开始阅读这篇课文之前，不妨先思考一下：在制定解决问题的方案时，需要考虑哪些方面的因素？

**A LEER**

Una vez se juntaron los ratones para hablar de cosas importantes.

–Nuestra suerte sería feliz si no fuera por el gato[1] –dijo uno.

–Sí, ¡maldito gato! –dijo otro.

–Vivimos asustados, temblando todo el tiempo.

–Ya no podemos más.[2]

–Nunca podemos comer a gusto.

–El gato llega tan callado…

–Y da unos saltos tan enormes y tan rápidos…

82

Otros muchos ratones tomaron la palabra[3], y a veces hablaban varios al mismo tiempo. Pero a nadie se le ocurría la manera de evitar tamaños sustos.

De repente, por encima de todas las voces, se oyeron los gritos de un ratón que tenía fama de inteligente:

–¡Yo sé lo que hay que hacer! Tengo en mi agujero un cascabel que suena muy bien. ¡Ese es el remedio! Basta esperar que el gato esté dormido y colgarle el cascabel al cuello. Así, cada vez que el gato nos ande buscando, él mismo nos avisará y podremos escapar a tiempo.

El discurso fue un gran éxito. Unos abrazaban al orador, otros lo besaban, otros le daban palmaditas, otros le decían palabras de felicitación, y todos los demás aplaudían.

Pero había un ratón viejito que no aplaudía ni nada. Le preguntaron por qué, y él contestó:

–La idea no es mala, pero aplaudiré cuando sepa una cosa: quién se animará a ponerle el cascabel al gato.

## A SABER

**1** Nuestra suerte sería feliz si no fuera por el gato. 意思是"要不是因为有猫, 我们的日子不知道会过得多快活。"其中的 sería 是动词 ser 的陈述式简单条件时变位形式, fuera 是动词 ser 的虚拟式过去未完成时变位形式。这两种时态搭配 si 可以用于描述在现实中不可能发生的情况。

**2** Ya no podemos más. 意思是"我们已经不能再忍受下去了。"

**3** tomaron la palabra 意思是"抢过话头"。

## A ENTENDER

| | |
|---|---|
| maldito, ta *adj.* 该死的 | escapar *intr.* 逃走 |
| temblar *intr.* 颤抖, 哆嗦 | orador, ra *m. f.* 演说者 |
| a gusto 惬意地, 畅快地 | palmadita *f.* palmada的指小词,(轻轻地用手掌)拍 |
| tamaño, ña *adj.* 如此大的 | |

1 Selecciona con ✓ TRES oraciones que son verdaderas según el texto:

1) (　　) A los ratones siempre les quitaba la comida el gato.

2) (　　) Los pasos del gato no se oían, pero sus saltos eran rápidos y grandes.

3) (　　) Al gato le encantaría el regalo porque necesitaba un cascabel.

4) (　　) El ratón inteligente propuso esperar que el gato estuviera comiendo y colgarle el cascabel al cuello.

5) (　　) A todos los ratones les parecía buena idea lo que dijo el inteligente, menos al ratón viejito.

6) (　　) Es más fácil proponer ideas que llevarlas a cabo.

2 A continuación, corrige las TRES oraciones que son falsas según el texto:

1) La oración del número (　　) es falsa porque _____

_____.

2) La oración del número (　　) es falsa porque _____

_____.

3) La oración del número (　　) es falsa porque _____

_____.

3 En español hay un refrán que dice: "¿Quién le pone el cascabel al gato?" ¿En qué contexto sería apropiado su uso?

_____

_____

_____

_____

_____

# Texto 4 ———— • La violeta y el saltamontes •

## 紫罗兰和蚱蜢

**A PREPARARTE**

这篇课文的两则小故事分别记录了发生在植物界和动物界的"强者"和"弱者"之间的对话。在你看来，这个世界上是否存在绝对的"强者"和"弱者"之分？面对看似比我们"强大"的或比我们"弱小"的对手，我们应当以怎样的心态去迎接挑战？

**A LEER**

• Texto 4-1

### El tulipán y la violeta

El tulipán y la violeta crecieron juntos en el jardín de la casa de Luisita.

Un día las dos flores conversaron de este modo:

–Violeta, ¿no encuentras admirable el brillo de mi vestido rojo?

–Es muy hermoso, Tulipán.

–Nadie me podrá negar que soy el rey de las flores. Sin embargo, tú, Violeta, has nacido desgraciada. ¡Qué vulgar y pobre es tu vestido!

Al poco rato Luisita se apareció en el jardín y después de mirar las flores dijo:

–El tulipán es precioso, pero no tiene un olor agradable.

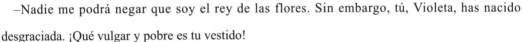

• Texto 4-2

### El tigre y el saltamontes

Un día, mientras caminaba por la montaña, un tigre se sobresaltó al escuchar un fuerte chillido.

Asustado, miró a su alrededor para ver de dónde provenía ese ruido y descubrió un saltamontes que estaba enojado porque el tigre había destruido[1] su casa al pasar por ahí.

El tigre, confiado en su tamaño y poder, se burló del saltamontes.
Esa reacción molestó mucho al pequeño insecto, el cual desafió al tigre
a una pelea.

Cada animal llamó a sus amigos. El tigre trajo a toda clase de animales feroces, como el león,
lobo, coyote y jabalí, mientras que el saltamontes reunió a las avispas, abejas, mosquitos y abejorros
para pelear con él.

Cuando vieron el ejército de insectos, el tigre y sus amigos se sintieron más confiados de ganar. Y
seguían burlándose, cuando empezaron a sentir por todos lados los piquetes de los insectos.

Eso ocasionó[2] que salieran[2] huyendo a toda prisa de aquel
lugar.

Fue así que esos feroces animales fueron vencidos por el
saltamontes y sus pequeños amigos.

Así lo cuentan los tojolabales[3].

## A SABER

1. había destruido 是动词 destruir 的陈述式过去完成时变位形式。该时态的表达功能请见第 3 单元第 3 课。

2. salieran 是动词 salir 的虚拟式过去未完成时变位形式。当表示"致使某事发生"的主句动词 ocasionar 的时态是过去时值时，从句动词要使用虚拟式过去时值的时态。

3. los tojolabales: 托霍拉瓦尔人，是居住在墨西哥东南部靠近危地马拉边境地区的印第安人。

## A ENTENDER

| | |
|---|---|
| tulipán m. 郁金香 | jabalí m. 野猪 |
| violeta f. 紫罗兰 | avispa f. 马蜂 |
| saltamontes m. 蚱蜢 | abeja f. 蜜蜂 |
| sobresaltarse prnl. 受到惊吓 | mosquito m. 蚊子 |
| chillido m. 尖叫声 | abejorro m. 熊蜂 |
| reacción f. 反应 | piquete m. 蜇伤，（轻微的）刺伤 |
| desafiar tr. 挑战 | ocasionar tr. 造成，引起 |
| coyote m. 丛林狼 | |

1 Busca en el texto palabras que corresponden a las siguientes interpretaciones:

1) Falto de gracia y atractivo.

_____

2) Asustarse de repente.

_____

3) Provocar a singular combate, batalla o pelea.

_____

4) Ser causa o motivo para que suceda algo.

_____

2 (        ) El tulipán desapreció a la violeta porque:

A) la violeta había crecido en otro jardín.

B) la violeta tenía un vestido pobre y vulgar.

C) la violeta no tenía un olor agradable.

3 El tigre se burló del saltamontes porque _____.

4 ¿Por qué el tigre fue vencido por el saltamontes en la pelea?

_____

_____

_____

_____

_____

# Texto 5 ⸺ La pipa de la paz
一颗代表和平的南瓜子

**A** PREPARARTE

在这篇课文里，仅剩的最后一粒吃食让一群老鼠头疼不已：该怎么分配，才能保证公平呢？如果请你来出出主意，你会建议它们怎么做？让我们一起来阅读这则故事，看看它们最后如何达成一个令所有人都满意的结果吧。

**A** LEER

A las doce de la noche terminó el hechizo. La carroza se convirtió en calabaza y los dos cocheros, en ratones.

La calabaza era enorme, un verdadero manjar. Los ratones se relamieron. Uno era un ratón colorado y fue a avisar a su familia. El otro era un ratón blanco y corrió a llamar a los suyos.

Al rato, todos los ratones blancos, que vivían en el bosque de castaños, y todos los ratones colorados, que vivían en el bosque de robles, empezaron a comer de aquella inmensa calabaza. Al terminar de roer la rica carne anaranjada, siguieron con las semillas, las exquisitas pipas de calabaza.

Cuando quedaban ya pocas semillas, uno de los ratones colorados dijo:

–Un momento. Vamos a repartirlas para que no comáis más que nosotros.

–De acuerdo –asintió uno de los ratones blancos.

Y así lo hicieron. Pero surgió un problema: sobraba una pipa.

Los ratones empezaron a pelearse por aquella semilla. En aquel momento, apareció una vieja ratona de color gris y les dijo:

–¿No os dais cuenta de que si os coméis esa última pipa os quedaréis sin nada?

En la asamblea de roedores se hizo el silencio[1].

–Hace tiempo –continuó la anciana–, vi una pelea parecida a esta por una bellota. Los ganadores se la comieron y… ¡fue la última bellota del bosque!

Todos se miraron sin saber qué hacer.

88

–Os propongo sembrar esta semilla. Así, cuando dé frutos, habrá para todos. Si os parece bien, elegiremos a una ratoncita colorada y a un joven ratón blanco para que se ocupen de cuidarla.

Al grupo le pareció una idea magnífica. Plantaron la semilla y todos los días, al atardecer, los dos jóvenes iban a regarla y también jugaban juntos.

De la semilla nació una plantita que creció, floreció y dio unos magníficos frutos, que se comieron las dos familias de ratones. Luego repartieron las pipas y, de nuevo, sobró una. Así que la plantaron y, otra vez, los dos jóvenes la regaron y la cuidaron hasta que volvió a dar frutos.

Esto ocurrió temporada tras temporada. <u>Hay quien cuenta que</u>[2], cuando las pipas eran pares y se podían repartir sin problemas, la ratoncita colorada y el ratoncito blanco <u>se encargaban de</u>[3] que siempre <u>sobrara</u>[3] una.

A SABER

1 se hizo el silencio 意思是"陷入了沉默"。

2 hay quien cuenta que 意思是"有人说"。

3 sobrara 是动词 sobrar 的虚拟式过去未完成时变位形式。当表示"负责让某事发生"的主句动词词组 encargarse de 的时态是过去时值时,从句动词要使用虚拟式过去时值的时态。

A ENTENDER

| | |
|---|---|
| hechizo *m.* 巫术,魔法 | roer *tr.* 咬,啃 |
| carroza *f.* 彩车,华丽的马车 | exquisito, ta *adj.* 美味的,可口的 |
| calabaza *f.* 南瓜 | pipa *f.* (南瓜等的)籽 |
| cochero, ra *m. f.* 驾驶马车的人 | sobrar *intr.* 余下,剩下 |
| manjar *m.* 美味佳肴 | roedor, ra *m. f.* 啮齿目动物 |
| castaño *m.* 栗子树 | bellota *f.* 橡果 |

**1** ( ) "La rica carne anaranjada" se refiere a:

A) una calabaza.

B) una pieza de carne.

C) una naranja.

**2** ( ) ¿Qué hicieron los ratones cuando les quedaban pocas semillas?

A) Las cambiaron por una bellota.

B) Pelearon por las últimas semillas.

C) Decidieron repartirlas entre todos.

**3** ( ) ¿Qué idea propuso una vieja ratona de color gris?

A) Plantar la última semilla.

B) Repartir entre todos la semilla.

C) Ir al bosque a buscar calabazas.

**4** Según el cuento, ¿qué harán los ratones si…?

1) el número de las pipas es impar:

_____

_____

_____

_____

2) el número de las pipas es par:

_____

_____

_____

_____

Texto 6 ────────── **Los patos y la tortuga**

鸭子和乌龟

**A** PREPARARTE

　　在这则故事里，两只鸭子和一只乌龟一起酝酿了一次大胆的行动。这个冒险计划的实施既要依靠鸭子们的能力，也需要乌龟的配合。计划的具体内容是什么？它们为什么要这么做？最终成功了吗？根据你的人生经验，有哪些因素可能会阻碍一项计划的顺利实施呢？

**A** LEER

　　En una preciosa laguna vivían dos patos y una tortuga. Los tres animalitos se llevaban muy bien y pasaban agradables ratos juntos.

　　Un caluroso verano, tras varios meses de sequía, la laguna empezó a secarse. Los patos, preocupados por lo que estaba pasando, decidieron trasladarse a un lejano lago en el que abundaba el agua.

　　Cuando las dos aves le contaron el plan a su vecina, la pobre tortuga, sin poder disimular su disgusto, exclamó:

　　–¡Ay, <u>qué va a ser de mí</u>![1] ¡Ojalá yo <u>pudiese</u>[2] hacer lo mismo!

91

Y, lentamente, caminó hasta el centro de la laguna donde todavía quedaba un charquito en el que refrescarse[3].

A los patos se les encogió el corazón al oír aquellas palabras.

Pero la tortuga no tenía alas para volar. No podía acompañarlos.

¿O sí? Porque, de pronto, se les ocurrió una idea genial que fueron a contarle, inmediatamente, a su querida amiga.

–¿Ves este palo? –le dijo uno de los patos–. Cada uno de nosotros agarrará con su pico uno de los extremos. Y tú morderás el centro con todas tus fuerzas.

–¡Oh! –exclamó la tortuga asombrada–. ¿Queréis decir que me llevaréis volando con vosotros?

–¡Así es! Pero ten en cuenta que no podrás abrir la boca durante todo el viaje.

–¡Eso no será ningún problema!

Y, sin perder un instante, los tres vecinos iniciaron su aventura.

Desde el aire, la tortuga contemplaba el bello paisaje. Árboles, campos y montañas quedaban allá abajo, muy lejos. Y hasta las torres de los castillos o los campanarios parecían de juguete a aquella altura. ¡Era una visión extraordinaria!

La larga travesía transcurrió de maravilla. Por fin, divisaron el inmenso lago que sería[4] su nuevo hogar. En la orilla se encontraban varios pescadores. Uno de ellos levantó la vista, se fijó en los animales que iban por el aire y dijo a sus compañeros:

–¡Mirad arriba! ¡Son dos patos! Pero… ¡qué llevan sujeto a ese palo?

Entonces, la tortuga, deseando que todo el mundo se enterase[5] de que era ella quien volaba con las aves, gritó:

–Soy unaaa…

Pero, al abrir la boca, se soltó del palo, empezó a bajar a toda velocidad y… ¡menos mal que cayó en medio del lago sin sufrir ningún daño!

Poco después, la tortuga alcanzó la orilla, donde sus queridos vecinos la recibieron con los brazos abiertos.

–Amigos –dijo la tortuga–, olvidar vuestro consejo me ha podido costar caro… Afortunadamente, todo se ha quedado en un buen susto.

1. ¡Qué va a ser de mí! 意思是"我可怎么办才好啊！"这句感叹句表达了对未来的不安和担忧。

2. pudiese 是动词 poder 的虚拟式过去未完成时变位形式。这句句子里用了这个时态，而非虚拟式现在时 pueda，表现了说话者认为这个愿望几乎不可能实现的心情。

3. un charquito en el que refrescarse 意思是"一个可以在里面凉快一下的小水坑"。charquito 是 charco 一词的指小词。在关系词被介词引导的形容词从句（比如 en el que、con quien 等结构）中，可以直接使用动词的原形形式来表达对将来行动的计划，此处的原形动词的表达功能相当于情态动词 poder/deber 加原形动词。这类从句经常搭配的主句动词包括 tener、haber、buscar、querer、necesitar、faltar、quedar。

4. sería 是动词 ser 的陈述式简单条件时变位形式。在这句句子中，这个时态表达的时值是"过去的将来"，也就是以某一个过去的时间作为参照点，说明在这个时间点之后可能会发生的事件。

5. se enterase 是动词 enterarse 的虚拟式过去未完成时变位形式。这个从句里用了这个时态，而非虚拟式现在时 se entere，是为了和主句中表达过去时的动词 gritó 保持时间上的统一。

| | |
|---|---|
| charco *m.* 水坑，水塘 | travesía *f.* 横渡，跨越 |
| encogerse *prnl.* 收缩，皱起 | transcurrir *intr.* 度过，过去 |
| morder *tr.* 咬住 | sujeto, ta *adj.* 拴住的，绑住的 |
| tener (algo) en cuenta 考虑到（某事） | soltarse *prnl.* 从……分离开，脱落 |
| campanario *m.* 钟楼 | menos mal 幸亏，幸好 |

1. Di a qué se refiere la parte subrayada y en caso de verbo, cuál es el sujeto:

1) ¡Ojalá yo pudiese hacer lo mismo!

   *lo mismo*: _____

2) Porque, de pronto, se les ocurrió una idea genial que fueron a contarle, inmediatamente, a su querida amiga.

*se ocurrió*: _____

*les*: _____

*le*: _____

3) –Amigos–dijo la tortuga–, olvidar vuestro consejo me <u>ha podido</u> costar caro…

   *ha podido*: _____

**2** Ordena las siguientes oraciones según la historia:

(     ) "Mira, ¡cómo vuelan los patos! ¿Qué llevan consigo?"

(     ) "Ten mucho cuidado. No pronuncies ni una sola palabra cuando estés en el aire."

(     ) "La laguna se secará. Tenemos que marcharnos."

(     ) "¡Llevadme con vosotros! No me abandonéis."

(     ) "Una tortuga volaaaando… ¡AAAAh!"

(     ) "Sujetamos los dos extremos de este palo, mientras que tú debes agarrar su centro con la boca."

**3** ¿Cuál es la moraleja de esta fábula?

_____

_____

_____

_____

# Unidad 9

Alimentación y salud 食物与健康

# Extraños, pero sabrosos

## 有点怪异，但美味可口

**A PREPARARTE**

在这篇课文里，你将认识墨西哥特色菜肴中所使用的一种"奇怪"的食材。为什么说它"奇怪"？它的烹饪方式有哪些？你的家乡有什么特色美食，能用西班牙语介绍一下吗？

**A LEER**

Quizás te parezca un poco raro, pero desde hace cientos de años, en muchas regiones de México se preparan delicias con insectos.

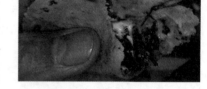

Por ejemplo, en Guerrero[1] y Morelos[2] se comen jumiles, que son unas chinches que las familias salen a recoger al monte y se comen con salsa de molcajete[3]. En cualquier mercado de Oaxaca[4] puedes encontrar chapulines tostados con ajo y sal; se comen con las quesadillas, encima de una tlayuda[5] o simplemente como botana.

Cuando es la temporada de lluvias, en los estados de Hidalgo[6] y Tlaxcala[7] se acostumbra comer un platillo muy especial: los chinicuiles[8], que son unos gusanos gorditos de color rojo del tamaño de un dedo. Se preparan de diferentes maneras, ya sea en tacos, en mixiotes[9] o en quesadillas y siempre acompañados de una buena salsa de xoconostle[10].

Escarabajos, hormigas, termitas, huevos de mosquito, avispas y hasta moscas se consumen a todo lo largo del país.

Además de ser deliciosos, los insectos son un alimento muy nutritivo, pues aportan gran cantidad de proteínas, vitaminas y minerales. La Organización de las Naciones Unidas (ONU) ha considerado que son una buena opción para resolver la escasez de alimentos que hay en el mundo, pues su costo es relativamente bajo y se reproducen muy fácilmente.

1. Guerrero: 格雷罗州，位于墨西哥南部。
2. Morelos: 莫雷洛斯州，位于墨西哥中南部。
3. salsa de molcajete: 用研钵研磨出的酱料。
4. Oaxaca: 瓦哈卡州，位于墨西哥南部。
5. tlayuda: 源自瓦哈卡州的墨西哥传统食物，由一大块经过炸制或烤制的玉米薄饼铺上各类豆子、蔬菜、鳄梨、肉类、奶酪和酱料组成，形似披萨。
6. Hidalgo: 伊达尔戈州，位于墨西哥中南部。
7. Tlaxcala: 特拉斯卡拉州，位于墨西哥中东部。
8. chinicuiles: 一种寄居在龙舌兰根部的红色小虫。
9. mixiote: 墨西哥的一道传统菜式，将用辣椒和各类香料腌制后的鸡肉、羊肉等肉类包裹在龙舌兰叶或香蕉叶里煮熟或烤熟后食用。
10. xoconostle: 一种仙人掌的果实，盛产于墨西哥，口味酸，营养含量丰富。

## A ENTENDER

| | |
|---|---|
| jumil *m.* （土著人民食用的）昆虫 | botana *f.* 下酒菜 |
| chinche *f.* 半翅目昆虫 | gusano *m.* 蠕虫，软体虫 |
| molcajete *m.* 臼，研钵 | escarabajo *m.* 甲虫 |
| chapulín *m.* 一种蚱蜢 | termita *f.* 白蚁 |
| quesadilla *f.* 奶酪饼 | escasez *f.* 不足，匮乏 |

## A TRABAJAR

1. Encierra la palabra que NO pertenece a cada categoría en cada línea:

   1) Oaxaca　　　　　México　　　　　Hidalgo　　　　　Tlaxcala
   2) avispa　　　　　chapulín　　　　　hormiga　　　　　mixiote
   3) insecto　　　　　chinche　　　　　tlayuda　　　　　gusano
   4) nutritivo　　　　proteína　　　　　vitamina　　　　　mineral

2. Indica si son verdaderas (V) o falsas (F) las siguientes interpretaciones del texto:

   1) (　　　) La alimentación a base de insectos no es un fenómeno nuevo en muchos pueblos mexicanos.

   2) (　　　) Los chapulines se comen siempre con las quesadillas.

   3) (　　　) Los insectos son un alimento muy nutritivo gracias a su escasez.

3. En la gastronomía de tu pueblo natal, ¿se usa también algún ingrediente que es extraño pero sabroso?

   _____

# Texto 2 — La historia del ratón en la tienda
## 一只老鼠在商店里的故事

**A** PREPARARTE

你有过"选择障碍"的体验吗？它对你的生活有没有产生什么影响？在这篇小故事里，主人公小老鼠就有"选择障碍症"。请读一读它的经历，也帮它出出主意，让它今后面临选择的时候能更果断一些吧！

**A** LEER

Érase una vez un ratón que entró de noche en una tienda. Olía todas las cosas buenas que había allí dentro: la mantequilla, el tocino, el chorizo, el queso, el pan, el chocolate, los pasteles, las manzanas, las nueces y las zanahorias frescas. Así que se levantó sobre las patas traseras estirando el hocico y soltando un silbido de alegría. Pero, ¿con qué debería[1] empezar primero? ¡Le iba a echar el diente a un paquete de mantequilla cuando desde algún lado le llegó un aroma riquísimo a tocino y desde otro lado un aroma riquísimo a queso! ¡Le iba a echar el diente al queso cuando desde algún lado le llegó un aroma riquísimo a chorizo y desde otro lado un aroma riquísimo a chocolate! ¡Iba a echarle el diente al chocolate cuando desde algún lado le llegó un aroma riquísimo a pastel y desde otro lado volvió a oler tan rico a mantequilla! El pobre ratón corría de un lado a otro. Sabía y no sabía lo que tenía que comer primero. Y de repente, se hizo de día[2]. La gente entró en la tienda y echaron de allí al ratón. Y este les dijo después a los otros ratones: "¡Nunca jamás volveré a esa tienda! ¡Cuando quieres empezar a comer, te echan fuera!"

1 debería 是动词 deber 的陈述式简单条件时的变位形式，这种时态可以被用来表示可能性和推测，因此在这里表达的是犹疑不定的语气。

2 se hizo de día 意思是"天亮了"。

## A ENTENDER

| | |
|---|---|
| mantequilla *f.* 黄油 | zanahoria *f.* 胡萝卜 |
| tocino *m.* 熏肉，腌肉 | hocico *m.* （兽、畜的）口鼻部 |
| nuez *f.* 核桃 | |

## A TRABAJAR

1 ¿Qué alimentos olió el ratón en la tienda?

| Cereales | Frutas y verduras | Carnes y pescados | Lácteos y frutos secos | Dulces |
|---|---|---|---|---|
| | | | | |

2 ( ) ¿Cuándo llegó el ratón a la tienda?

A) A las diez de la mañana.

B) A las tres de la tarde.

C) A las doce de la noche.

3 ( ) En este cuento, la frase "echar el diente" significa que:

A) Comer algo que a uno le da agrado.

B) Enseñar los dientes a todo el mundo.

C) Superar las dificultades de un asunto.

4 ( ) El pobre ratón corría de un lado a otro porque:

A) No podía encontrar lo que quería comer.

B) Comió demasiado que le dolió el estómago.

C) Le costaba elegir con qué comida comenzar.

## Texto 3 — ¡Cuánta energía!

### 好多能量啊！

**A PREPARARTE**

生活中大大小小的挑战，都需要我们用饱满的精神和充足的力量去迎接。精力充沛的秘诀是什么呢？这篇课文向我们推荐了几类食物，它们能给我们提供身体所需的能量。在开始阅读之前，不妨先猜一猜会有哪些食物？

**A LEER**

¿Estás deseando que llegue el recreo para ponerte a correr? ¿No hay actividad capaz de agotar tus fuerzas? Pues entonces… ¡Enhorabuena! Parece que te estás alimentando bien. Y es que lo que comemos influye decisivamente en nuestro estado. Muchos alimentos contienen sustancias que nos ayudan a ser verdaderas "bombas de energía".

Los lácteos y los cereales aportan gran cantidad de esa energía. Por eso desayunar un buen tazón de leche con cereales o pan integral puede ser una excelente manera de comenzar bien el día. Si te espera una jornada agotadora… ¡prepárate para resistirla!

Los pescados azules[1], como el salmón y la sardina, contienen ácidos grasos omega 3, muy beneficiosos para el cerebro. Pueden ser excelentes aliados si quieres ser un genio y tener memoria de elefante.

Los frutos secos, como las nueces, son supernutritivos. Los romanos consideraban las nueces un alimento de dioses. Y no andaban desencaminados: además de darnos fuerza, las nueces nos ayudan a prevenir algunas enfermedades del corazón y mejoran la actividad del cerebro.

También las verduras nos ayudan a estar en plena forma. Algunas tan humildes como el brécol o las espinacas ocultan un tesoro de vitaminas y minerales. Tenlo en cuenta la próxima vez que las veas en tu plato.

Entre las frutas, los plátanos son una excelente fuente de energía. Resultan eficaces para combatir la fatiga producida por el esfuerzo físico. ¡Por eso es una de las frutas favoritas de los deportistas!

Y en la lista de alimentos que dan vitalidad, ocupa un lugar muy especial el chocolate. ¿A que ya lo habías sospechado antes?[2]

1 pescados azules: 油性鱼，指的是omega-3脂肪酸含量较高的深海鱼，包括沙丁鱼、鲑鱼、金枪鱼、鳗鱼等鱼类。

2 ¿A que ya lo habías sospechado antes? 意思是"这一点你早就已经猜到了吧？"

## A ENTENDER

| | |
|---|---|
| sustancia *f.* 物质，养分 | desencaminado, da *p.p.* 偏离正道的，误入歧途的 |
| bomba *f.* 炸弹 | humilde *adj.* 平凡的，普通的 |
| lácteo *m.* 乳制品 | brécol *m.* 西兰花 |
| ácidos grasos 脂肪酸 | fatiga *f.* 疲倦感 |
| aliado, da *adj.* 同盟的（人） | vitalidad *f.* 活力 |

## A TRABAJAR

1 Según el texto, ¿por qué los alimentos tienen que ver con la salud?

_____

2 Según el texto, ¿qué debemos comer en las siguientes ocasiones?

1) Si queremos comenzar bien un día atareado, podemos comer _____

_____, porque _____

_____.

2) Si queremos ser más inteligentes y mejorar nuestra memoria, podemos comer _____

_____, porque _____

_____.

3) Si queremos alejarnos de los males del corazón y tener más fuerza, podemos comer _____

_____.

4) Cuando nos sentimos cansados después de hacer ejercicio físico, podemos comer _____

_____.

5) Otros alimentos capaces de darnos energía son _____

_____.

3 Busca por Internet una receta saludable que te guste y apúntala aquí:

_____

# El *cocholet*

## "克巧力"

你还记得小时候去春游，你最喜欢带的食物是什么吗？在这幕短剧里，主人公穆纳（Muna）就带上了她最爱吃的东西，和同学们一起在老师的带领下出游了。穆纳说这个食物叫做 cocholet，你能猜到 cocholet 是什么吗？

Narrador:    Hoy es un día muy especial. <u>Los niños de segundo</u>[1] van a hacer una ruta en bicicleta. Están todos muy contentos, especialmente Muna.

Muna:    Me encantan las excursiones. Mamá siempre me prepara un postre de chocolate que se llama *cocholet*. ¡Mmmm…!

Profesora:    ¡Chicos, poneos el casco y subid a las <u>bicis</u>[2]!

Niña 1:    ¿Podemos cantar?

Profesora:    No, ahora quiero que vayáis pendientes del camino.

Muna:    ¿Y podemos tomar *cocholet*?

Profesora:    No. Es peligroso comer y conducir al mismo tiempo.

Narrador:    Poco después llegan a un parque natural lleno de encinas. En lo alto de un cerro hay una pequeña ermita.

Profesora:    Vamos a dejar nuestras cosas aquí, a la sombra de este árbol, que será donde comeremos después.

Muna:    ¿Puedo tomar un poco de mi *cocholet*?

Profesora:    Espera. Primero disfrutemos del aroma del campo.

Niño 1:    ¡Qué bien huele!

Profesora:    Ahora llenemos los pulmones de aire puro. ¡Inspirad!

Muna:    Ya he respirado y he olido… ¿Puedo probar mi *cocholet*?

Profesora:    No, ahora vamos a pasear por este sendero.

| | |
|---|---|
| Narrador: | Después del paseo, se sientan a comer bajo los árboles. Muna saca su *cocholet*. |
| Niña 2: | ¡Seño[3], Muna quiere comerse ya el postre! |
| Profesora: | No, Muna, el postre es lo último. |
| Narrador: | Muna se come su tortilla y su filete. Se zampa una manzana y, cuando va a empezar con el *cocholet*… |
| Profesora: | Recogedlo todo. Vamos a subir a la ermita. |
| Muna: | ¿Me puedo llevar el *cocholet*? |
| Profesora: | No puedes subir esa pendiente y comer al mismo tiempo. Te lo tomarás cuando volvamos. |
| Narrador: | Mientras están visitando la ermita, una piara de cerdos aparece en el encinar. |
| Cerdo 1: | ¡Oinc, oinc[4]! Estas encinas dan unas ricas bellotas. |
| Cerdo 2: | ¡Oinc! ¡También dan mochilas! Y huelen que alimentan. |
| Cerdo 3: | ¡Oinc! Pues demos buena cuenta de todo[5]. |
| Narrador: | Por la cuesta de la ermita bajan ya los excursionistas… |
| Muna: | Seño, ¿qué son esas cosas que se mueven bajo las encinas? |
| Profesora: | No son cosas, son cerditos. |
| Niño 2: | Pues creo que se están comiendo nuestras mochilas. |
| Profesora: | ¡Corramos y gritemos para espantarlos! |
| Narrador: | Los cerdos huyen asustados, pero ya se han comido las sudaderas, las patatas fritas, las gorras y también… |
| Muna: | ¡Mi *cocholet*! ¡Buaaa, buaaa, buaaa[6]! |

**A SABER**

1. los niños de segundo 是 los niños del segundo curso 的省略形式，指的是 "二年级的孩子们"。
2. bicis 是口语中 bicicletas 的简称，意思是 "自行车"。
3. seño 是口语中 señora 的简称，在这篇课文里是对老师的称呼。
4. oinc: 拟声词，猪叫声。
5. demos buena cuenta de todo 意思是 "让我们来大吃一顿吧"。dar cuenta de algo 在口语语境里指 "把某物耗尽，挥霍掉"。
6. buaaa: 拟声词，大哭的声音。

| | |
|---|---|
| casco *m.* 头盔 | zamparse *prnl.* 狼吞虎咽 |
| encina *f.* 冬青栎树 | piara *f.* （猪、马等的）一群 |
| cerro *m.* 小山丘 | encinar *m.* 栎树林 |
| ermita *f.* 小型教堂、庙宇 | espantar *tr.* 使害怕，驱赶 |
| sendero *m.* 小路，小径 | |

## A TRABAJAR

**1** (　　) La definición de la palabra "pendiente" en la oración "No, ahora quiero que vayáis pendientes del camino." es:

A) Joya que se lleva colgando.

B) Cuesta o declive de un terreno.

C) Sumamente atento por algo que sucede.

**2** (　　) La definición de la palabra "pendiente" en la oración "No puedes subir esa pendiente y comer al mismo tiempo." es:

A) Joya que se lleva colgando.

B) Cuesta o declive de un terreno.

C) Sumamente atento por algo que sucede.

**3** (　　) La definición de la palabra "cuesta" en la oración "Por la cuesta de la ermita bajan ya los excursionistas…" es:

A) Estar en venta a determinado precio.

B) Terreno en pendiente.

C) Causar u ocasionar cuidado.

**4** Rellena la siguiente tabla para hacer un breve resumen de lo que le pasó a Muna:

| Quería comer el *cocholet* cuando… | No lo pudo comer porque… |
|---|---|
| Se puso el casco y subió a la bicicleta. | |
| | La profesora dijo que tenía que disfrutar primero del aroma del campo. |
| Se sentó a comer bajo los árboles después del paseo. | |
| Bajó por la cuesta de la ermita. | |

　　我们身上的每一个部位都在默默地守护着我们的健康，只有当健康状况亮起"黄灯"的时候，它们才会用自己的方式向我们发出"求救信号"。为什么人会感受到腰酸背痛？皮肤有哪些作用？答案就在这篇课文里。

• Texto 5-1

### El dolor de espalda de Tomás

A Tomás le gustaba ir a la escuela con su amiga María y leer historietas, pero lo que más le divertía era jugar con su consola de videojuego. Se pasaba horas haciéndolo.

A Tomás no le gustaba mucho el deporte; era perezoso y su consola de videojuego lo divertía sin tener que hacer ningún esfuerzo.

Sus padres le tenían que insistir para que saliera[1] a jugar o bien a caminar, pero se cansaba enseguida.

Un día, al levantar una caja en la cocina de su casa, notó un dolor en la espalda.

Su madre le dijo que descansara[1] en cama hasta que se le pasara[1] el dolor.

Pero eso lo empeoró, y cada día le dolía más al moverse, por lo que su madre lo llevó al doctor.

El médico le dio un remedio durante unos días, y le explicó que, para que el dolor no volviera[1], debía doblar las rodillas si tenía que volver a levantar pesos y, sobre todo, mantenerse activo y hacer ejercicio siempre como nadar, correr, andar en bicicleta, cualquier actividad mejor que no hacer nada. Desde ese día Tomás juega con sus compañeros a la pelota y se preocupa del cuidado de su cuerpo.

## La piel humana

Observa tu piel con atención. No parece muy especial, pero si la piel no cubriera tu cuerpo, tu vida no sería tan agradable[2]. La piel protege la humedad de tu interior de los efectos desecantes del sol y el viento, impide la entrada de polvo y gérmenes ¡y no deja que te entre el agua y te conviertas en una esponja chorreante! También sirve para muchas otras cosas: se cura sola cuando se corta, te permite notar la textura de las cosas y ayuda a mantener el interior de tu cuerpo a una temperatura constante.

### Piel protectora

La piel tiene tres capas principales: la capa externa[3] o epidermis, formada por células muertas; la capa media[3] o dermis que contiene nervios, raíces capilares y glándulas, y la capa interna[3], que está hecha de grasa y para mantener el calor dentro del cuerpo.

### Escalofríos y carne de gallina

Los músculos producen calor al moverse. Cuando tienes frío, los músculos de la piel se mueven sacudiéndose para producir más calor.

Esto te produce escalofríos. El aire frío también te puede poner la carne de gallina. Los músculos vinculados a los pelos de la piel se tensan, y por eso se levantan los pelos.

### Con los pelos de punta

Solo las raíces del pelo están vivas. Al igual que las uñas, la parte que vemos está formada por células muertas. Por eso no duele cuando te cortan el pelo o las uñas.

### Los colores de la piel

La piel de todas las personas produce una sustancia llamada melanina, que protege la piel de los rayos del sol. Las personas con piel oscura tienen más melanina que aquellas con piel más pálida.

1 saliera 是动词 salir 的虚拟式过去未完成时变位形式。下文中的 descansara、se le pasara 和 volviera 则分别是动词 descansar、pasarse 和 volver 的虚拟式过去未完成时变位形式。在这几处使用这个时态而非虚拟式现在时，都是为了和主句中表达过去时值的动词保持时间上的统一。

2 si la piel no cubriera tu cuerpo, tu vida no sería tan agradable 意思是"如果皮肤没有覆盖你的身体，那么你的生活就不会这么愉快了"。cubriera 是动词 cubrir 的虚拟式过去未完成时变位形式，sería 是动词 ser 的陈述式简单条件时变位形式。这两种时态在由 si 引导的条件从句中搭配使用，是用于作出与现实情况相悖的假设。

3 la capa externa 指的是"表皮层"。下文中的 la capa media 是"真皮层"，la capa interna 是"皮下组织"。

| | |
|---|---|
| historieta *f.* 连环画 | célula *f.* 细胞 |
| consola de videojuego 游戏机 | dermis *f.* 真皮层 |
| empeorar *tr.* 使恶化 | capilar *adj.* 头发的 |
| desecante *adj.* 能使……变得干燥的 | glándula *f.* 腺体 |
| germen *m.* 病菌 | escalofrío *m.* 寒战 |
| chorreante *adj.* 在滴水的 | carne de gallina 鸡皮疙瘩 |
| textura *f.* 质地 | tensar *tr.* 使紧张 |
| epidermis *f.* 表皮层 | melanina *f.* 黑色素 |

1 Indica si son verdaderas (V) o falsas (F) las siguientes interpretaciones del texto 5-1:

1) (      ) Tomás solía pasarse horas leyendo historietas con su amiga.

2) (      ) Tomás se sentía cansado en cuanto empezaba a hacer deporte.

3) (      ) Cuando a Tomás le comenzó a doler la espalda, su madre lo llevó enseguida al hospital.

2 Según el texto 5-1, ¿qué consejos le ha dado el médico a Tomás para que deje de sentir dolor en la espalda?

1) _____ .

2) _____ .

3) _____ .

3 Busca en el texto 5-2 palabras que completan las siguientes oraciones y márcalas en la siguiente sopa de letras:

- La piel protege la humedad del cuerpo de los _____ desecantes del sol y del viento.
- La piel impide que entren el polvo y los _____ .
- La piel te permite notar la _____ de las cosas.
- Cuando tienes frío, los _____ de la piel se mueven sacudiéndose para producir más calor, y esto te produce escalofríos.
- Los músculos vinculados a los pelos de la piel se _____ , y por eso se levantan los pelos.
- La piel de todas las personas produce una sustancia llamada _____ , que protege la piel de los rayos del sol.

| M | L | C | A | E | V | S | K | E | Z |
|---|---|---|---|---|---|---|---|---|---|
| U | I | X | Y | Z | Q | T | Q | F | T |
| S | S | G | M | E | I | Ñ | S | E | E |
| C | I | T | E | N | S | A | N | C | X |
| U | I | D | L | R | Z | E | A | T | T |
| L | D | I | A | I | M | D | L | O | U |
| O | I | S | N | O | A | E | Y | S | R |
| S | I | O | I | D | C | S | N | U | A |
| J | E | Ñ | N | P | L | Q | P | E | O |
| E | R | K | A | J | E | U | J | Z | S |

# Texto 6 ——— ( El cuidado de la salud mental )

## 关注心理健康

**A** PREPARARTE

　　沮丧、愤怒、悲伤，这些都是人类正常的情感体验。学会如何处理负面情绪，是每一个人成长过程里的一门必修课。在这篇课文里，你将读到一篇说明文和一篇寓言故事，希望它们能给你带来启发，帮助你成为自己情绪的主宰，拥有健康的心理状态。

**A** LEER

• Texto 6-1

### Expresar los sentimientos y las emociones es algo que se aprende

Expresar lo que uno siente no es fácil. Muchas veces tememos que al reconocer ciertos sentimientos se nos pueda mirar o juzgar mal…

¡Pero no! Debemos aprender a expresar nuestros sentimientos y emociones, porque si no lo hacemos nos podemos enfermar. Es común encontrar a personas que tienen dolor de estómago cuando tienen conflictos, o les duele la cabeza cuando están fatigadas.

Pareciera que[1] expresar con gestos o palabras lo que nos pasa es una necesidad para mantener sano el organismo y evitar enfermedades como infartos, colon irritable, acné, gastritis, depresión, etc.

Debemos aprender a expresar lo que pensamos y lo que sentimos. Así, además de encontrarnos mejor nosotros, los que nos rodean podrán entendernos y prestarnos su ayuda.

———◇———

• Texto 6-2

### El secreto de la serenidad

Hace tiempo, en una aldea cerca de los Cárpatos, en la actual Polonia, vivía un granjero llamado Marek.

Marek era un hombre muy agradable, cariñoso, aficionado a las bromas y siempre dispuesto a ayudar. Sin embargo, tenía un grave defecto: cuando se enfadaba, se ponía furioso y no podía controlarse. Esa conducta le causaba problemas con sus amigos y vecinos. Y, aunque todos lo apreciaban, empezaban a estar hartos de sus explosiones de genio.

Un día, Marek oyó hablar de un hombre sabio que vivía en lo alto de la montaña. Y, ni corto ni perezoso², se fue a verlo en busca de ayuda.

El sabio, después de escuchar atentamente a Marek, le dijo:

–Para poder ayudarte necesito verte furioso. Así sabré qué clase de enfado tienes. Vete a tu casa y en cuanto notes que te invade la ira, ven a verme corriendo.

Pocos días después, Marek se enfadó con su esposa por un pequeño contratiempo. Esa vez, en lugar de ponerse a gritar como siempre, salió corriendo. Dando enormes zancadas, subió el camino que conducía a la cima de la montaña, donde se encontraba la humilde cabaña del sabio. Una vez arriba, se detuvo para tomar aliento y comprobó, con cierta desilusión, que ya no estaba enfadado.

–Venía a enseñarte mi furia, pero se ha desvanecido –le explicó al sabio.

–Vuelve a casa y la próxima vez sube aún más deprisa. Si no te veo en pleno ataque de cólera, no podré ayudarte.

Marek regresó triste. El remedio a su mal se estaba haciendo esperar. ¡La próxima vez correría con todas sus fuerzas!

Y así fue. Hubo un nuevo enfado y, en cuanto notó el calor de la rabia invadiéndolo, corrió a toda prisa montaña arriba. Iba tan rápido que casi no tocaba el suelo. No pensaba en otra cosa que en llegar cuanto antes. Esta vez tardó la mitad de tiempo en alcanzar la cumbre, pero… ¡el enfado ya se le había pasado³!

El sabio se quedó de nuevo sin ver la ira del granjero y este, sin cura para su mal. ¡Era desesperante!

La misma situación se repitió varias veces. Hasta que un día Marek, cansado de subir aquella montaña sin lograr mantenerse enfadado, le dijo al sabio:

–Tú no puedes ayudarme. No volveré más.

El sabio respondió:

–¿Acaso has vuelto a perder el control desde que me conoces?

–No he tenido tiempo –replicó él–. Nada más enfadarme[4], echaba a correr para que pudieras verme.

–Ahí tienes la solución. Simplemente, cuando notes que te estás enfadando, no te dejes llevar por la rabia y echa a correr hacia cualquier sitio. Verás que enseguida la ira te abandona.

Marek se dio cuenta de que el sabio le había estado[3] enseñando lo que debía hacer sin decírselo. Así aprendió a ignorar su furia y se convirtió en un hombre mucho más feliz.

## A SABER

1. pareciera que 中的 pareciera 是动词 parecer 的虚拟式过去未完成时变位形式，此处也可替换为陈述式简单条件时变位形式 parecería，和 parece que 相比语气更委婉。
2. ni corto ni perezoso 意思是"坚决果断，不犹豫迟疑"。
3. se había pasado 是动词 pasarse 的陈述式过去完成时变位形式。下文中的 había estado 则是动词 estar 的陈述式过去完成时变位形式。该时态的表达功能请见第 3 单元第 3 课。
4. nada más enfadarme 意思是"我一生气，就马上……"nada más 加动词的原形形式表示的是在某件事发生后立刻做某事。

## A ENTENDER

| | |
|---|---|
| juzgar *tr.* 看作，评定 | harto, ta *adj.* （对某事）感到厌倦的 |
| organismo *m.* 机体 | genio *m.* 脾气，性情 |
| infarto *m.* 梗塞，梗死 | zancada *f.* 大步子 |
| colon irritable 肠易激综合征 | desvanecerse *prnl.* 消散 |
| acné *m.* 痤疮，粉刺 | cólera *f.* 暴怒 |
| gastritis *f.* 胃炎 | desesperante *adj.* 令人失望的 |
| conducta *f.* 行为，举止 | replicar *tr.* 反驳 |

**1** Completa las siguientes oraciones según el texto 6-1:

1) Expresar lo que sentimos nos cuesta mucho porque _____

_____ .

2) Si no sabemos expresar los sentimientos y emociones, _____

_____ .

3) Si sabemos expresar lo que sentimos y pensamos, nos sentiremos mejor y _____

_____ .

**2** Di a qué se refiere la parte subrayada y en caso de verbo, cuál es el sujeto:

1) Dando enormes zancadas, subió el camino que conducía a la cima de la montaña, donde se encontraba la humilde cabaña del sabio.

*conducía*: _____

*se encontraba*: _____

2) El sabio se quedó de nuevo sin ver la ira del granjero y este, sin cura para su mal. ¡Era desesperante!

*este*: _____

3) Marek se dio cuenta de que el sabio le había estado enseñando lo que debía hacer sin decírselo.

*lo*: _____

**3** ¿Qué has aprendido del sabio del texto 6-2?

_____

_____

_____

_____

_____

# Clave
· · · · · · · · · · ·
参考答案

# Unidad 1 ────●── Familia ──●────

## Texto 1  El niño más bueno del mundo y su gato Estropajo

**1**  B

**2**  1) V
2) F
3) V
4) F

**3**  Respuesta libre. (Por ejemplo: Suelo ayudarlos en los quehaceres domésticos. Hago la cama todos los días por la mañana, y por la tarde a veces paso la aspiradora para limpiar la casa. Después de comer, lavo los platos, saco la basura y la tiro.)

## Texto 2  Conversación telefónica de dos amigas

**1**  B

**2**

|  | Erika | Martina |
|---|---|---|
| por la mañana | 1) Va al mercado y almorzar en casa de su tía. | 2) Va a llevar a su perrito al veterinario para su control de rutina. |
| por la tarde | 3) Van al asilo para preparar la cena de cumpleaños para algunos viejitos. | |

**3**  1) B
2) A
3) C

## Texto 3  Mi mamá es preciosa

**1**  1) *se escapan*: algunos niños
2) *Se nota*: que le gusta mucho comer
3) *traen*: impersonal

**2**  Los niños de su colegio, las personas que se cruzan por la calle, los que hablan con la boca llena en el restaurante y las dependientas de la tienda se ríen de su mamá diciendo que es gorda.

**3**  1) Cuando su mamá la acompaña al colegio cogiéndola de la mano, se siente segura porque su manita tan pequeña está protegida por la mano tan redonda de su mamá.
2) Cuando va de paseo con su mamá, se siente tranquila porque su mamá nunca tiene prisa y las dos están disfrutando despacito de todo lo que se encuentran.
3) Cuando va al restaurante con su mamá, cada plato que les sirven lo disfrutan porque es como un día de fiesta que se han inventado.

4) Cuando su mamá se pone guapa para venir a recogerla al colegio, a la niña le parece una princesa sacada de un cuento.

5) Cuando se acuesta con su mamá al lado, se siente como si se hundiera entre nubes de algodón porque el abrazo de su mamá es tan suave y blandito.

## Unidad 2 ———— • Tiempo y espacio • ————

### Texto 1   Mi viaje

**1**  1) B
2) D
3) C
4) A

**2**

| El medio de transporte | Lo voy a tomar porque... |
|---|---|
| *El tren* | *Es rápido, barato y seguro.* |
| El metro | Es puntual y barato. |
| La bicicleta | Es barata y ecológica. |
| El taxi | Es rápido y cómodo. |

**3**  Respuesta libre. (Se aconseja dar detalles como: ¿Cuándo y adónde fuiste? ¿Con quién viajaste? ¿Qué medio de transporte utilizaste? ¿Qué hiciste y qué viste por el camino? ¿Qué sentiste al llegar?)

### Texto 2   ¿Cómo se mide el tiempo?

**1**  segundo, minuto, hora, día, semana, mes, estación, año

**2**  1) Las nubes se mueven en el cielo.
2) Los cachorritos se convierten en perros.
3) Los barcos navegan en el mar.
4) Las flores se transforman en manzanas.
5) Los papalotes vuelan en el aire.
6) Las orugas se convierten en mariposas.

A. Existe el viento.

B. Existe el tiempo.

**3**  Usaban el reloj de sol, el reloj de agua, el reloj de arena, etc. para medir el tiempo.

### Texto 3   Una apuesta arriesgada

**1**  El señor Fogg apostó veinte mil libras a que daría la vuelta al mundo en ochenta días.

**2**  Porque en aquel entonces ya se podía dar la vuelta al mundo diez veces más rápido que hacía cien años y, según un cálculo, con los últimos ferrocarriles abiertos en Oriente solo eran necesarios ochenta días.

3   C

4   A

5   A

## Unidad 3 ──── • Cuentos infantiles • ────

### Texto 1    La boda de Tío Perico

1   Iba a la boda de su Tío Perico.

2   Porque se encontró un montón de basura y en medio del basurero vio un grano de maíz que tenía ganas de comer.

3   muerda; comerse; limpiarle

4   Práctica del trabalenguas.

### Texto 2    ¡Imagínate!

1   El pupitre me pide que lo cuide en vez de rayarlo o mancharlo.

2   C

3   B

4   1) A
    2) C
    3) B

### Texto 3    Bajo el sombrero de Juan

1   1) *Traían*: gente de lugares muy lejanos
       *fuera*: proteger todo eso de la lluvia
    2) *faltara*: espacio o buena voluntad
       *quedaba*: nada ni nadie

2   1) F
    2) V
    3) V

3   Respuesta libre. (Por ejemplo: Juan ha mostrado generosidad al echar una mano a los demás cuando lo necesitaban.)

## Unidad 4 ──── • El medio ambiente • ────

### Texto 1    El medio ambiente, nuestro futuro

1   B

**2**  color; dolor; voló; construyó

**3**

| reducir | reciclar | reutilizar |
|---|---|---|
| bolsas de plástico | envases de plástico<br>botellas de vidrio | los libros y revistas que leíste |

## Texto 2   El niño terrícola

**1**  1) F
2) V
3) V

**2**

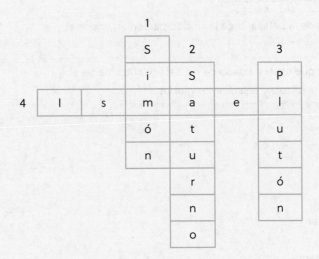

**3**  Sol, Mercurio, Tierra, Marte, Saturno, Neptuno, Plutón

## Texto 3   Los volcanes

**1**  C

**2**  A

**3**  C

**4**  1) V
2) F
3) V

# Unidad 5 ── • ( La diversidad del mundo ) • ──

## Texto 1　El festival Holi: una batalla de color

① Tiene lugar cuando llega la primavera.

② Lo celebran para despedir el invierno y dar la bienvenida a la primavera y al buen tiempo.

③ A

④

| Informaciones adicionales | Número del párrafo |
|---|---|
| Esta fiesta se celebra también en otros países donde vive mucha gente de origen indio. | ① |
| Después de la batalla, toda la ciudad parece un enorme arcoíris. | ⑤ |
| Pero hay que tener cuidado de no hacer daño a nadie al disparar la pistola o al lanzar los globos. | ④ |

## Texto 2　La Añañuca

① B

② D

③ 1) conquistar
2) avisar
3) sorprendente
4) abundante

## Texto 3　El precio de la oscuridad

① Porque el palacio estaba sombrío, y en esa época solo las serpientes poseían la oscuridad y podían descansar bien.

② 1) la oscuridad
2) venenosas
3) emiten un sonido parecido al de un cascabel

③ 1) les impedía dormir
2) resolver el problema

## Texto 4　Un lugar extraordinario

① 1) C
2) A
3) B
4) D
5) E

| ¿Qué hay? | ¿En qué se distingue? |
|-----------|------------------------|
| Una plaza Mayor | Es adaptable. Si se necesita más espacio en la plaza, se puede empujar los edificios hacia atrás. |
| Una fuente de piedra | En verano, echa granizado de limón; en otoño, infusiones; en invierno, chocolate calentito; y en primavera, refrescos. |
| Un olivo | Da aceite ya envasado en botellas. |
| Una churrería | Hace churros de colores que pueden usarse de pulsera cuando se enfrían. |

**3** Respuesta libre. (Las características de una ciudad pueden ser: platos típicos, paisajes naturales, sitios turísticos, actividades culturales, etc.)

# Unidad 6 — Amistad y solidaridad

## Texto 1   Amistad y solidaridad

**1**

| ¿Dónde? | ¿Quiénes? | ¿Qué tuvo lugar? |
|---------|-----------|-------------------|
| En Lima, Perú. | Niños y niñas chilenos y peruanos. | Compartieron un día de muestras folclóricas para estrechar la amistad entre los dos países. |

**2** B

**3** C

## Texto 2   Buscador de fortuna

**1**

**2** 1) perfumar

2) clave

3) afortunado, da

4) colaborar

**3** Respuesta libre. (Por ejemplo: La clave de tener una vida afortunada es ser diligente, colaborar con los demás y prepararse de antemano para enfrentar en el futuro cualquier contratiempo.)

## Texto 3   Dos buenos amigos

**1** 1)  *lo*: al ciervo

*dejaba*: un calor insoportable

2)  *le*: a un anciano muy sabio

*les*: a los animales

*preocupaba*: la cuestión

**2** 1) se conocieron

2) se hicieron

3) se confesaron

**3** Que cada uno de los amigos ceda un poco para encontrar el punto de equilibrio entre sí.

## Texto 4   Solo

**1** 1) V

2) F

3) V

4) F

**2** Le hizo unos bocadillos y le preparó una jarra de té con hielo.

**3** Quería estar solo para poder pensar en lo estupendo que es todo, incluidos el sol, su identidad como un sapo, y su amistad con Sepo.

# Unidad 7 —— • Cualidades valoradas • ——

## Texto 1   El tesoro del labrador

**1** 1) iba a morir pronto

2) lo van a encontrar dentro de poco

**2** C

**3** B

## Texto 2    El pastorcito mentiroso

**1**

| B | A | F | E | T | C | W | H | O | S |
|---|---|---|---|---|---|---|---|---|---|
| I | D | Q | M | A | E | S | N | Y | T |
| S | O | C | O | R | R | O | R | A | U |
| A | L | B | E | R | C | I | E | M | R |
| R | B | R | O | M | A | E | B | T | E |
| C | R | A | B | E | Ñ | P | A | U | L |
| Q | U | E | N | X | Í | O | Ñ | A | I |
| U | E | N | O | J | A | D | O | N | P |

**2**  Para asustar a los campesinos vecinos, gritó diciendo que un lobo quería comerse sus ovejas.

**3**  Respuesta libre. (Por ejemplo: Hay que decir siempre la verdad, porque los mentirosos acaban mal y tienen que pagar las consecuencias.)

## Texto 3    La ventana rota

**1**  B

**2**  C

**3**  B

**4**  Respuesta libre. (Por ejemplo: Al cometer errores, hay que admitirlos con franqueza, intentar enmendar el daño causado y evitar los mismos errores.)

## Texto 4    La pequeña luciérnaga

**1**  1) V
2) F
3) V
4) V

**2**  Porque su abuela le dijo que la luna no brillaba siempre de la misma manera, mientras que las luciérnagas eran capaces de alumbrar la noche siempre con la misma fuerza y con su propia luz.

**3**  Respuesta libre. (Por ejemplo: La baja autoestima proviene en muchos casos de las comparaciones ciegas con los demás. Lo que realmente cuenta es que cada uno encuentre y aproveche sus puntos fuertes.)

# Unidad 8 — Valores positivos

## Texto 1　La cabritilla y el lobo

**1**
1) ¿Ya estás contento con tan poca comida?
2) Se veía el reflejo de la luna en el río.
3) en seguida

**2**

|  | ¿Cómo era? | ¿Por qué? |
|---|---|---|
| La cabra | Pequeña, pero lista. | Aprovechó de sus observaciones sobre la naturaleza y la avaricia del lobo para salvarse del peligro. |
| El lobo | Feroz y avaro, pero tonto. | No pudo resistir la tentación de un buen banquete, pero pensó que el reflejo de la luna era un queso enorme y por eso fue llevado por el río. |

**3**　Respuesta libre. (Por ejemplo: La avaricia mata, mientras que el ingenio salva vidas.)

## Texto 2　La golondrina de "Sí, ya sé"

**1**
1) *Cuentan*: impersonal
   *lo*: hacer su nido
2) *este*: el gorrión
   *le*: a la golondrina
3) *es*: que yo te enseñe
   *lo*: hacer el nido

**2**　Porque la golondrina siempre le respondía que ya sabía lo que el gorrión le enseñaba y le interrumpía.

**3**　Respuesta libre. (Por ejemplo: Las personas modestas y que saben escuchar y respetar a los demás.)

## Texto 3　La junta de los ratones

**1**
1) (　　) A los ratones siempre les quitaba la comida el gato.
2) ( ✓ ) Los pasos del gato no se oían, pero sus saltos eran rápidos y grandes.
3) (　　) Al gato le encantaría el regalo porque necesitaba un cascabel.
4) (　　) El ratón inteligente propuso esperar que el gato estuviera comiendo y colgarle el cascabel al cuello.
5) ( ✓ ) A todos los ratones les parecía buena idea lo que dijo el inteligente, menos al ratón viejito.
6) ( ✓ ) Es más fácil proponer ideas que llevarlas a cabo.

**2**
1) La oración del número (1) es falsa porque el <u>miedo al gato no les dejaba a los ratones comer a gusto</u>.

2) La oración del número (3) es falsa porque al gato no le iba a encantar el cascabel cuyo sonido avisaría a los ratones cada vez que el gato les andaba buscando.

3) La oración del número (4) es falsa porque el ratón inteligente propuso colgarle el cascabel al cuello del gato cuando este estuviera dormido.

3  Se dice "¿Quién le pone el cascabel al gato?" para aludir a la dificultad o imposibilidad de realizar algo por ser peligroso.

## Texto 4    La violeta y el saltamontes

1  1) desgraciado, da
2) sobresaltarse
3) desafiar
4) ocasionar

2  B

3  El tigre se burló del saltamontes porque este es mucho menos grande y poderoso que él.

4  Porque el tigre y sus feroces animales no pudieron aguantar los piquetes del saltamontes y de otros insectos.

## Texto 5    La pipa de la paz

1  A

2  C

3  A

4  1)  Plantarán la última pipa, y la ratoncita colorada y el ratoncito blanco la regarán y la cuidarán hasta que vuelva a dar frutos.
2) La ratoncita colorada y el ratoncito blanco se encargarán de que siempre sobre una pipa, y luego la plantarán.

## Texto 6    Los patos y la tortuga

1  1) *lo mismo*: trasladarse a un lejano lago en el que abundaba el agua
2) *se ocurrió*: una idea genial
*les*: a los patos
*le*: a su querida amiga/a la tortuga
3) *ha podido*: olvidar vuestro consejo

2  5-4-1-2-6-3

3  Respuesta libre. (Por ejemplo: La vanidad acompaña la desgracia, mientras que la prudencia nos lleva al éxito.)

# Unidad 9 ——— Alimentación y salud ———

## Texto 1   Extraños, pero sabrosos

**1**
| | | | |
|---|---|---|---|
| 1) Oaxaca | (México) | Hidalgo | Tlaxcala |
| 2) avispa | chapulín | hormiga | (mixiote) |
| 3) insecto | chinche | (tlayuda) | gusano |
| 4) (nutritivo) | proteína | vitamina | mineral |

**2**
1) V
2) F
3) F

**3**   Respuesta libre. (Por ejemplo: En muchos lugares de nuestro país se pone flores como ingredientes al preparar la comida, entre otras, rosas, lirios, crisantemos.)

## Texto 2   La historia del ratón en la tienda

**1**

| Cereales | Frutas y verduras | Carnes y pescados | Lácteos y frutos secos | Dulces |
|---|---|---|---|---|
| el pan | las manzanas; las zanahorias frescas | el tocino; el chorizo | la mantequilla; el queso; las nueces | el chocolate; los pasteles |

**2**   C

**3**   A

**4**   C

## Texto 3   ¡Cuánta energía!

**1**   Porque lo que comemos influye decisivamente en nuestro estado.

**2**
1) Si queremos comenzar bien un día atareado, podemos comer un buen tazón de leche con cereales o pan integral, porque los lácteos y los cereales nos aportan gran cantidad de energía.
2) Si queremos ser más inteligentes y mejorar nuestra memoria, podemos comer los pescados azules como el salmón y la sardina, porque contienen ácidos grasos omega 3, que son muy beneficiosos para el cerebro.
3) Si queremos alejarnos de los males del corazón y tener más fuerza, podemos comer los frutos secos como las nueces.
4) Cuando nos sentimos cansados después de hacer ejercicio físico, podemos comer plátanos.
5) Otros alimentos capaces de darnos energía son verduras y chocolates.

**3**   Respuesta libre. (Se aconseja dar detalles como: ingredientes, tiempo y pasos de preparación.)

## Texto 4   El *cocholet*

**1**   C

**2**   B

**3**   B

**4**

| Quería comer el *cocholet* cuando... | No lo pudo comer porque... |
|---|---|
| Se puso el casco y subió a la bicicleta. | La profesora dijo que era peligroso comer y conducir al mismo tiempo. |
| Llegó a un parque natural lleno de encinas. | La profesora dijo que tenía que disfrutar primero del aroma del campo. |
| Se sentó a comer bajo los árboles después del paseo. | La profesora dijo que el postre era lo último. |
| Bajó por la cuesta de la ermita. | Los cerdos se lo habían comido. |

## Texto 5   ¡Cuídate el cuerpo!

**1**   1) F
    2) V
    3) F

**2**   1) Tiene que tomar un remedio durante unos días.
    2) Debe doblar las rodillas si va a volver a levantar pesos.
    3) Tiene que mantenerse activo y hacer ejercicio siempre como nadar, correr, andar en bicicleta.

**3**

| M | L | C | A | E | V | S | K | E | Z |
|---|---|---|---|---|---|---|---|---|---|
| U | I | X | Y | Z | Q | T | Q | F | T |
| S | S | G | M | E | I | Ñ | S | E | E |
| C | I | T | E | N | S | A | N | C | X |
| U | I | D | L | R | Z | E | A | T | T |
| L | D | I | A | I | M | D | L | O | U |
| O | I | S | N | O | A | E | Y | S | R |
| S | I | O | I | D | C | S | N | U | A |
| J | E | Ñ | N | P | L | Q | P | E | O |
| E | R | K | A | J | E | U | J | Z | S |

## Texto 6  El cuidado de la salud mental

**1**  1) Expresar lo que sentimos nos cuesta mucho porque <u>muchas veces tememos que al</u>
<u>reconocer ciertos sentimientos se nos pueda mirar o juzgar mal.</u>

2) Si no sabemos expresar los sentimientos y emociones, <u>nos podemos enfermar.</u>

3) Si sabemos expresar lo que sentimos y pensamos, nos sentiremos mejor y <u>los que nos</u>
<u>rodean podrán entendernos y prestarnos su ayuda.</u>

**2**  1) *conducía*: el camino

*se encontraba*: la humilde cabaña del sabio

2) *este*: el granjero

3) *lo*: lo que debía hacer

**3**  Respuesta libre. (Por ejemplo: Cuando notamos que nos estamos enfadando, no debemos
dejarnos llevar por la rabia, sino echar a correr hacia cualquier sitio u ocuparnos en otro
asunto.)